BOOKS LIFE
斑马書房

我　思　故　我　在

借势

李维 著

光明日报出版社

图书在版编目（CIP）数据

借势 / 李维著. -- 北京：光明日报出版社，
2024.6（2025.2重印）
ISBN 978-7-5194-7957-2

Ⅰ．①借… Ⅱ．①李… Ⅲ．①人际关系－通俗读物
Ⅳ．①C912.11-49

中国国家版本馆CIP数据核字（2024）第099067号

借　势

JIE SHI

著　者：李　维			
责任编辑：谢　香		责任校对：徐　蔚	
特约编辑：唐　三　史英男		责任印制：曹　净	
封面设计：于沧海			

出版发行：光明日报出版社

地　　址：北京市西城区永安路106号，100050

电　　话：010-63169890（咨询），010-63131930（邮购）

传　　真：010-63131930

网　　址：http://book.gmw.cn

E－mail：gmrbcbs@gmw.cn

法律顾问：北京市兰台律师事务所龚柳方律师

印　　刷：河北文扬印刷有限公司

装　　订：河北文扬印刷有限公司

本书如有破损、缺页、装订错误，请与本社联系调换，电话：010-63131930

开　　本：170mm×240mm	印　　张：15

字　　数：170千字

版　　次：2024年6月第1版

印　　次：2025年2月第2次印刷

书　　号：ISBN 978-7-5194-7957-2

定　　价：49.80元

目录

借势就是找到不熟悉的人

把"不熟悉的人"吸引过来

序

借势就是利用弱关系

在可见的未来，关系仍然是重要的信息传播方式。当然，关系不仅是机会和信息的流动，它还代表着我们对这个世界的认识和努力。人们在因为关系而成功的同时也产生一些困惑：什么样的关系是有益的？我该如何投资，又该怎样经营自己的人际关系呢？

多少年来，人们对关系的理解惊人的一致。有一句话始终很受大众的推崇："一个人能否成功，不在于你知道什么（what you know），而是在于你认识谁（whom you know）。"认识的人越多，好像就离成功越近。为了成功，每个人都在想尽一切办法经营社交，认识更多的人，并把这些人纳入自己的关系网，精心维护。

本书会用事实告诉你：这个观点是错误的。至少对大部分人来说，他们并没有因为自己拥有许多高层次的强关系而获得了可预见的成功。也许互相了解和来往频繁的强关系可以为你搭建一个奋斗的基础，提供充分的资讯、经验和资金，但它同时也会给你的未来限定一个边界。而真正决定我们命运的，恰恰是边界外的机会。

1973年，著名社会学家、斯坦福大学教授马克·格兰诺维特发表了论文《弱关系的力量》。他对居住在波士顿近郊的经理、技术人员和其他的专业人才如何找工作进行了细致的研究。通过访问发现，一百个人中有一半人的工作是通过个人关系找到的，而非招聘广告。毫无疑问，这个结果向我们表明了关系是多么重要！没人会否定这个结论，但格兰诺维特说："事实远非如此！"

人们都认为关系比简历更有价值，特别是当两份简历没什么明显差距时，有关系的人在竞争中优势更加明显。但格兰诺维特在调查中发现，真正起到作用的关系并不是人们想象中的经常见面、彼此熟悉的"强关系"，而是平时很少联系的"弱关系"，即所谓的"路人甲"。在依靠关系找到工作的群体中，只有16.7%的人能经常见到工作的介绍人，他们每周见两次面，55.6%的人则只能和介绍人偶尔见一面；另外27.8%的人甚至一年都见不到介绍人一次。就是这些相对陌生的关系，帮助他们找到了满意的工作。

在这里，"靠什么关系"成了一个有趣的问题。格兰诺维特因此得出结论说："大多数你真正用到的关系，是那些并不经常见面的人。他们未必是什么大人物，也许是不怎么联系的老同学、老同事、某次聚会有一面之缘的人，甚至是你根本不怎么认识的人。他们有一个共同特点，都不在你现在的社交网内，但他们却在某些重要时刻对你提供了关键的帮助。"

他关注的是在求职过程的起点上关系所发挥的作用："人们如何获得工作信息，特别是优质工作的宝贵机遇？"研究事实表明，由平时极为密切的家人、好友组成的强关系此时起到的作用是非常有限的，他们未能在这时提供更多的信息。反倒是那些由很久没有来往的前同事、同学或者有数面之缘的人组成的弱关系——人们社交网中的边缘关系给出了重要的线索。

格兰诺维特的观点对后来的就业市场产生了深远的影响，人们开始重新审视自己的社交理念。每个人都有需要一份好工作的时候，为何平日精心维护的强关系在这么重要的时刻失效了？这是因为在由强关系构成的社交网中，人和人的相似度较高，收入、阶层、视野和想法都是很接近的，很可能每天都在做着类似的事情，彼此拥有的信息是重复的，传播的范围也受到社交网的局限。你不知道哪儿有更好的工作机会，他们往往也不清楚。

弱关系则不同。由于弱关系通常是你固有的社交网之外或处于边缘位置的人，他们能够为你提供新鲜的信息，你们之间的联系经过了比较长的社会距离——也许会有数个枢纽和中间人，把不同的社交网链接起来，为你打开了一扇链接外面世界的通道，你就能获悉一些"自己不知道的事情"，包括某个高薪酬的职位。或许碰巧对方有一个朋友就是这家公司的人力资源主管。

通过对求职——这件极其普遍的事的分析，我们可以发现弱关系的一些基本特点：

第一，相对于强关系，弱关系并不是我们生活中最熟络的人，他不在我们亲朋好友的名录上，你也不会记得他的生日，联系强度很低。

第二，相对于强关系，弱关系是我们人生中更为关键的力量，可以为我们提供一些稀缺资源和实用信息。他不是熟人，和你不亲近，却是一个合适的人。

从强关系到弱关系

阿尔伯特·拉斯洛·巴拉巴西是《链接：网络新科学》一书的作者，他对人际网络的特点进行了研究。阿尔伯特认为，人们的社会关系网络是一种符合幂律分布的网络——他称之为"无尺度网络"。

他说："互联网、细胞内的蛋白质链接、人和人之间的性关系、细胞内新陈代谢网络等都是无尺度网络。"无尺度网络突破了强关系，使一个人作为"中心点"可以随时链接到任何地方。在阿尔伯特的无尺度关系模型中，无限的弱关系战胜了有限的强关系。

阿尔伯特认为，这个关系网络呈现出五个特征：

第一，六度分隔理论。任何两个不认识的人之间都可以建立联系，最多只需经过六个人的传递。

第二，中心节点和辐射式链接。我们作为这个网络的中心节点，对外分别拥有强链接和弱链接两种形式，前者属于近中心区的强关系，后者是边缘区域的弱关系。

第三，符合幂律分布原则：80 / 20规则。即二八法则：关系网络中20%的节点建立了整个网络80%的链接，其他80%的节点占有了20%的链接。

第四，强者愈强（富者愈富）。阿尔伯特的无尺度网络对于"优先原则"和"增长原则"给予无限制满足，越早加入网络的链接，增长就越快。当你拥有更多的链接节点时，就有更多的机会获得更多的链接，进而无限扩容下去。显然，这是有边界的强关系社交网做不到的。

第五，胜者通吃。在第四特征的推动下，一个优秀的节点必然能够脱颖而出（拥有最强的弱关系库的人），占有和支配最多的资源，达到胜者通吃的效果。

哈佛大学的人际关系学教授杰·普利说："越是简单的思想，影响就越深远，传递和辐射也就越快，现实作用也就越强大。"作为对格兰诺维特思想的补充和延伸，阿尔伯特的无尺度网络理论提出后没几年，就被超过2500篇论文引用过。这充分体现了弱链接的理论，通过本书，阿尔伯特与2000多名学者建立了弱关系，虽然他们可能没有见过面。

从强关系到弱关系，我们跨越的是传统熟人社会的边界束缚，摆脱的是阶层的限制，跳出自己固有的社交网，重视弱关系的拓展，拥有的便是机会无限的世界。弱关系的关键不在于你拥有多么高质量的社交网，也不在于你处于何种等级的阶层，而是你能够接触和链接多少这个社交网之外的人。

太熟没用？至少有些研究得出的数据证实了这一现象。2010年，有三个美国人做了一项"电话通信调查"，他们获得了英国2005年8月份的整个电话通信记录，这是一个庞大的数据库。通过电话通信，可以构建一个可见的社交网络。再结合每个电话链接区域的经济状况，他们从这些数据中发现，经济收入越高的地区，其社交交往（电话联系）的多样性就越明显：

越是富人，就越容易跟不同阶层和不同地区的人进行联络。收入较差的地区和群体的联络特征则比较单一，固定在一个"稳定的社交网"内。富人认识的人比穷人多，但他们并不只是认识富人。通话时间的长短也是一个有趣的现象，富人打电话的时间短，穷人打电话的时间长。当然这是相对而言的，但平均值显示了这一特征。富人喜欢跟各种人联系，不过，大多数都是弱联系。

这个结果产生了一个问题：到底是因为富人的财富、地位才使他们获得了联系的多样性，还是联系的多样性帮助他们创造了财富和地位呢？就像有大学生向我询问的："我们的社交网络与财富的关系是什么？"我经常听到类似的困惑，还有对自己缺乏过硬的强关系的抱怨。人们在仰望成功时闪出的第一个念头总是诸如对"没有亲戚、贵人帮帮我"的失望和沮丧。但是事实已经冷漠地告诉你，我们所认识的绝大多数人其实都不是强关系，真正依靠强关系来取得事业突破的人只是少数。

如果你让自己所认识的人每人给你一条工作信息，有极大的概率会产生这个结果：所有的强关系提供的信息都是你早就知道的，只有某个弱关系给出的信息是你不知道的，而且它最有用。我建议你做一次这个实验，它会用结果告诉你并且帮助你理解什么是弱关系。

因此，我们在本书中探讨的并不只是如何拓展关系，弱关系理论的本质不是"人际公关学"，而是"信息传递学"。通过本书，我们要学习和掌握最有效率的交流，特别是跟那些自己并不熟悉的联系人。

本书为谁而写

现在，我们生活中大量地使用手机，每个人都是互联网社交中的一个活跃分子。通过网络，我们可以链接到世界各地的任何一个陌生人，并通过这种方式加固自己的强关系。但在大多数时候，我们仍然没有意识到弱关系所携带的高价值信息。人们的双脚迈进了以弱联系为主的信息社会，大脑却继续停留在熟人社会。

在本书中，我希望与读者一起开启一段奇妙的旅程——从一个全新的视角看待自己的人际关系——从熟人社会跳出来，关注那些隐藏在身边却又被忽视许久的关系。他们在你的生活中出现得不是那么频繁，但却十分重要。究竟是哪些人在人生的关键节点改变了你的前进方向？弱关系是如何影响我们的职业选择、生意的发展和情感生活的？通过本书，你会找到答案。我们不仅能从中重新认识关系的本质，还能拓宽自己的人际视野，掌握新的、强大的信息获取渠道。

第一章

熟悉的人越来越难借势

泛滥的同质化信息

长期奋战在艰苦环境中的人是否真正思考过，从第一份工作开始，自己数十年如一日，却依旧像一头推磨的驴一样原地打转，走不出脚下这个在十年前就规划好的路，究竟是为什么？

·为何你的职业永远被定格在"一线业务员"？

·为何你不能突破人为设置的发展瓶颈？

·为何在公平的竞争中你总是只能拿出一个蹩脚的方案，或者总是慢别人一步？

安逸地生活在熟人社会中的我们有足够的安全感，却为自己的上升空间设置了一个不可逾越的上限。熟关系网创造的是一个温暖的环境，不用对他们持有戒心，不用担心有人算计你，也不用害怕得不到关心和支持。但是，一位与谷歌公司有长期顾问合作的社交学家说："正是强关系的这种特征，让熟人失去了助推我们飞得更高的可能性。"

他进而预言：未来是"熟人无用"的时代。熟人的功用将仅限于精神支持和心灵抚慰，人们所有的社交和事业资源都将有赖于那些不怎么熟的弱关系。认识不到这一点的人，无法理解自己的命运。

这么多年来，你为什么没有得到提升

这是一个具有广泛共识的问题，也需要每个人反思。人们走出大学，找到工作，努力奋斗了十年，结果回头一看，相比出发时自己仍在原地踏步：收入没有上涨多少，车房还在梦里，存款少得可怜。重要的是，美好的未来遥遥无期。

那么，你是否忽视了自身的因素而只在怨天尤人呢？

换个角度想一想，那些与你同年参加工作的人，现在有的是部门总监，有的是分公司领导，还有的自己创业当了老板，而你还冲锋在第一线，为什么会这样呢？是因为上天不给你机会、老板看不到你的才华吗？

张先生是济南一家公司的业务经理，他在这个岗位上已经工作了八年，眼看当初与自己一起入职参加培训的同仁或高升，或跳槽去了更好的地方，他的屁股还是稳稳地坐在这张椅子上，而他自己对将来也没有更好的打算。

提到这份工作，他无奈地说："我没有别的选择，读完大学在家闲了半年，本想到一线城市发展，可是感觉没什么好的机会，投了几份简历均杳无音信，多亏亲戚帮忙，介绍我到公司面试，一干就干到今天。"

同样的起点，为什么别人发展得更好，自己却像要老死在这个岗位上，收入也没有增加多少？他认为，是别人的关系比他强。比如部门的一位同事，在公司上了几个月班，家里就托人给介绍了一家跨国公司，如今收入是他的两倍。

"我的亲戚朋友没有这种门路。"这是张先生的总结。同时，这也是我们身边99%的人穷尽一生都只能原地打转、无法突破阶层限制的根本原因——每当人们谈及机遇、人际关系或做好某件事情所需的条件时，总是本能而固执地一遍遍地扫视自己的房间：我有没有存下资源？我的亲人中是否有人可提供帮助？我是否结交到了强有力的朋友？

如果答案是否定的，他们就会默默地接受命运。对于大多数人来说，其一生都很少向外看一看：在那些与自己擦肩而过的关系中，是否有我求之不得的好机会？他们可能连尝试一下的勇气都没有。

假如你总是"闭着眼睛"活在安逸的熟人关系网中，岁月就会腐蚀你曾经的雄心壮志，使你的理想渐渐沉没，使你的上进之心自动消失。

过度倚仗强关系的人，往往主动关闭了通过外面广阔世界的窗口。但是强关系不能帮他一直前进，有限的熟人力量总有一天会遇到极限。那时，他们的内心剩下的只有抱怨。

强关系的共性：人以群分

为何以熟人为主的强关系会让我们原地踏步呢？这仍然要从信息的获取层面解释。在熟人关系网中，传播最为广泛的信息经常是带有同质性的，意味着这个社交网里的每个人都已经知道了。人人都倒背如流，它还在亲朋好友间来回传递。你想找点新鲜的话题吗？或者说了解一些陌生的领域，得到一些创新性的机遇？很遗憾地告诉你：

在"人以群分"的强关系网中，使自己的人生取得创新性的突破非常困难！

例如，讨论互联网上流传的新闻并从中得到一些有益的见解？在信息传播与延伸的过程中，很重要的一点就是，我们不能单纯地考虑信息的传播速度与人和人之间的联系方式，还要想到信息传播的"共性"——传播信息的这些人是否具有不同的思维方式与创新能力？同质性是熟人的社交网络之间最大的特点，有着相似个性的人总会加强相互间的联系，熟人通过亲属关系、工作、学校、兴趣、信仰及其他因素粘连在一起，任何信息在这个社交网中的传播，都很难得出一个意外的结论。

比如，密友总是支持你的想法，他们提的建议有时正是你想说的；亲人则为这种同质性提供精神支持。不是说所有的熟人均是如此，但在大多数的强关系中，我们都能深刻地感受到"大家是同一类人"，思维方式、价值观、理解事物的角度乃至可能采取的策略都具有极大的相似性。

在这种情况下，我们难以创新地看待问题。更多时候，我们是在重复社交网里其他人的想法、计划、策略或者行动。

因为"人以群分"而"信息趋同"。有相同特点的人聚到一起，结合成了强有力的关系。熟人间的这些共性不仅决定了人们相互联系的频率及探讨的话题，还决定了他们作为个体如何寻找信息、寻找哪一类的信息。经常联系的人彼此相似，寻找、消费的信息也是趋同的，没什么惊喜发生。与此相反，互相有较大差异、交流较少的人之间则能创造更多的不同信息，互补不足。

在同质化的信息环境中，大部分机遇都是重复、陈旧和没有价值的。这是一个普遍的现象，你一定能感觉到，在你与密友、亲人的信息互动中，信息就像一张老旧的钱币，它总是待在那里。三十天前你从某个朋友、亲人那里听到一个工作机会，三十天后再去打探："有好的工作吗？"他将对你重述一遍："听着，好好考虑一下我说过的……"类似的信息也许有不错的诱惑力，但对解决问题是没有价值的。密友之间彼此相似，寻找信息的方向也大体相同。另外一种解释则是，强关系对一个人更有影响力，所以人们更有可能因此分享来自密友的信息。这导致了我们从强关系的环境中获取的信息大多是重复的，少有新鲜的稀缺信息。

为什么必须告别熟人关系网

在一个同质化严重的社交网内，你和里面的每一个人都可能缺乏更广阔的视野。熟人关系网会让我们有本能的满足感，尤其当这个社交网的人越来越多，交流频繁而顺畅时，你可能会觉得自己并不需要外面那些稍纵即逝的人际关系，或者费尽心机去一个陌生的世界中搭讪那些看起来并不靠谱的陌生人。

不久前，有一个信息传播学的课题组对 Facebook 如何加大信息的传播面进行了研究。具体的研究方式是，假如一个好友在 Facebook 上分享了一则信息，你因为看到了此信息而分享的概率会增加多少倍？

课题组历时四个月，搜集了超过七万人的数据（使用社交工具的行为偏好、信息获取方式与好友特点），得出的答案是：好友的关系强度与分享的倍数成正比。越熟的关系，人们就越倾向于"毫不犹豫"地转发该消息——有90%的信息其实是自己根本不感兴趣或不需要的；越生疏的关系，则越不关注对方的信息，转发率降低。这与信息的重要性无关，而与关系的深浅有关。

这个结论大大出乎了人们的预料。有人说："我以为自己是一个视野开阔的人，但行为出卖了我。"关注这一研究的一些人回头查阅自己的Facebook使用记录，果然发现了这一行为特点。然后有人说："过去几年中我与许多好机会擦肩而过，当时看到了却没在意。"

这是督促我们告别熟人关系网的理由，至少要将相当一部分的注意力分配给弱关系。弱关系在传播我们原本不太可能看到的信息，并且这些信息有的还特别重要，是我们需要的，比熟人的建议或信息更有价值。

熟人关系网就是一堵无形的高墙，它不遮挡视线，却阻碍外界的信息进入墙内。我们在长期的观察中发现，由一个人的弱关系分享的信息具有天然的发散性，它不太可能被局限在一个很小的范围内。但强关系则不然，它分享的信息天生就具有向某个特定的社交网分享的特征，这决定了我们从熟人关系网中得知的信息是封闭的，无法即时更新。

总而言之，为了得到一些高价值的信息，我们必须更信任弱关系。

精英小圈子＝愚昧的封闭

2016年，美国总统大选以一场"逆袭好戏"（媒体语）落下帷幕，不被看好的地产商人唐纳德·特朗普击败希拉里，成功当选新一任美国总统。支持希拉里的精英们自以为胜券在握，结果却让他们大吃一惊。有人因此评价说："近几十年来形成根深蒂固的社交关系网文化的美国精英阶层，以一场选战输给了高度不满的中产阶层。"

不过，我关心的问题是，为何在选举投票前，精英阶层或其支持者都认为"希拉里赢定了"？为何他们没有看到美国真正的民意，这些精英的社交关系网在信息与决策中犯下了哪些错误？

一个封闭的社交关系网必然带来信息的封闭，对于这一点，即使精英人群中的成员也心知肚明。就像奥巴马在2008年赢得总统选举之后曾经表示："白宫很容易陷入一种集体迷思，所有的幕僚都在人云亦云，没有不同的意见和激烈的讨论，因此组建一支特性鲜明的多元团队是至关重要的。"

当一个由精英人士构成的社交网不再认真倾听社交网之外的意见

时，就等于关闭了与外界的信息交换通道。历史已经向我们证明，但凡这么做的精英群体都很难避免衰落的结局。奥巴马在上任时信誓旦旦地表示，白宫应该是一个欢迎不同声音辩论的场所。但后来，他说过的豪言壮语都化为乌有，他在任内的多数决策都依赖自己的社交网成员。

回到特朗普与希拉里，前者胜选的关键是什么呢？我认为，特朗普极为聪明地运用了弱关系的动员力量，他洞察到了互联网时代"民意"的不真实之处——走上街头发表观点的人与投票者群体存在极大的偏差。年轻人到处发表看法，但去投票的却大多是中老年人。这些投票者正是需要争取的弱关系，希拉里阵营却把主要精力放到了视线所及之处，误判情势，以至于在输掉竞选后，她并不清楚自己为何会输掉这场竞争。

"社交网"带来的是"封闭的高效"

我们生活的社交网是一种熟人关系，这样的关系具备了两种明显的共性：

第一，价值观的类同。特别是优秀的社交网中——由精英人才、商业家族、政客或生意密友组成的核心社交网，社交网内的成员总是具有高度类同的价值观。他们认为自己代表了某些东西，或者至少有一些必须坚决维护的价值理念。在社交网中，价值观的审查无处不在，不符合的人会被无情地踢出去。高度统一的价值让他们结成了牢不可破的强关系。

第二，互相了解并有一定的默契。社交网的成员关系亲密，彼此有深刻的了解，清楚对方的喜好、习惯和行为模式。高度的默契使强关系为主的社交网在行动中拥有非常高的效率，但这种高效却是封闭的。例如奥巴马在竞选之初搭建的团队，赖斯、麦克多诺、罗兹等人是他身边核心的外交政策团队，也在后来占据了重要的岗位，为奥巴马制定外交政策。他们忠诚、务实、高效，但并不了解社交网外的真实情况——他们的信息是封闭的。

"排外"与"集体迷失"

精英人群的"排外"存在已久，任何一个由优秀的人组成的社交网——政治、生活、工作或其他领域的关系社交网都具备排外的特点。由于排外，社交网对外界的信息持本能的抵触态度——比起不重要的人，更信任社交网里的自己人搜集的信息、做出的判断，并竭力维护社交网成员的利益。

封闭性导致社交网容易陷入一种持久的"集体迷失"。人们在观点上基本保持一致，在决策和行动上密切配合。为了维护这种一致性，社交网中的成员宁可牺牲掉"客观事实"和"未来"。判断正确与否的标准是"是否有利于社交网的稳定"，而不是"事情的真相"。

于是，二十个精英组成的强关系网，在实际的效果上却变得愚昧和封闭，远不如由一百个弱关系构成的松散组合。这表明，越是"志同道合"的熟人，聚在一起越很难做出真正的壮举，在工作上取得突破性的进展。

开放性社交

基于对精英式社交的怀疑，怎样才能走出封闭的社交网，运用弱关系理论而使自己融入外面无限的社交网呢？

洛杉矶一家华文媒体做过一次深度调查，目的是了解中国留学生在美国的社交生活。调查发现，不论是来自中国大陆、台湾和香港地区的留学生，还是他们的家长、老师，都面临共同的难题。

中国人每到一个地方，都倾向于在一起生活和学习，形成很多封闭的社交网。中国人在国外的任何城市都会自发地形成一个规模不一的"唐人街"，这个组织都是半封闭的，只向华人开放。

这种"社交网"现象既出现在年轻的留学生群体中，同样也出现在居住于当地许久的华人群体中。客观上，华人之间构成了强关系网，并且互相依赖。他们无法更好地融入当地的主流社会。

这无疑是一种尴尬的局面。调查的组织者、报社的主编吕先生说："需要指出的是，这些社交网有一定的积极作用，比如内部成员可以帮助彼此克服各种各样的障碍、困难和挑战，但消极的影响同样很大，不利于人们提高语言能力以及跨文化交流的能力，由于更相信同类而不信任白人，也很难在与当地人的竞争中占据优势。"

比如，80%的人称他们的朋友是背景、血缘类似的大陆学生；只有不到20%的人声称自己的熟人关系网中有许多当地人，包括白人、黑人和其他族裔。这一结果与我们在国内了解到的情况相同，有80%的人坦言，自己的熟人关系网是由亲人组成的，极少部分拥有广泛的社交。所以，在生活和工作中遇到难题时，他们都惊讶地发现：熟人关系网中那些平时看起来很有判断力的人士，也许提供不了关键性的帮助。

开放性原则一：在不同的社交网之间建立平衡。

调查显示，能够努力挣脱由"关系网"带来的束缚并且获得了一些成功的人，他们的发展更好一些。这源于他们能在校园、工作场合与来自不同群体的人建立并发展起多个社交网。在熟人关系网和外界大量的弱关系之间，他们建立了一种平衡，并不是仅把注意力和希望放到亲朋好友的身上。要摆脱"强关系依赖"，这是重要的一步，但要充分开发弱关系的资源，还有很长的路要走。

开放性原则二：用包容与接纳的态度对待关系网外的信息。

拉帮结派是关系网文化的特点之一。如果一个人擅长编织自己的关系网，以使自己在强关系网中左右逢源，那么他就走上了一条封闭之路，到最后他必然被自己编织的大网套住。精于关系的人，最后往往输于关系。这不是一个悖论，而是一个事实。

根本的解决之道是以包容与接纳的态度，走出自己的关系网——不论这个关系网是精英化还是一般化的，你都要对关系网外面的信息一视同仁，用饥渴的态度贪婪地吸收它们。这并不意味着你要多交朋友，而是要用开放性的原则接纳这个世界，学习每一个人的优点，然后与他们建立联系。

"与世隔绝"的熟人思维模式

A君是我几年前在北京认识的一位关系非常好的朋友，他从事电子产品的销售业务已有八年的光景。这八年来，他从一个小业务员开始，默默无闻地每天奔波在北京及周边县市的大街小巷，凭借埋头苦干赢得上司的夸奖。但八年来，许多同事或跳槽或晋升为高一级别的经理，而他仍是一线的业务员。

在自己的职业生涯中，A君奉行的一直是口口相传的熟人推销战略。他总是发动身边人帮忙介绍业务，走街串巷上门介绍产品，从来没有认真遵守过公司培训的理念，在更多的陌生人中打响产品的品牌。他更相信熟人的推荐，因为这意味着售后纠纷几乎为零。他不喜欢卖出一个产品后还要没完没了地接听客户的电话，不断地解释各种问题。

"熟人推荐的客户买了就是买了，很少来烦你，我喜欢这样的工作。但陌生人不行，他们对你天然不信任，有时几个月过去了，产品使用中的一点小问题也要打电话给你，让你解决。其实那根本不是产品的问题，而是他们使用不当。"

A君的熟人战略等同于与世隔绝，不仅把他与广阔的市场隔开，还堵塞了他事业的上升通道。因此，尽管他已从事了八年的销售，却仍未真正理解自己需要做的事情。

"熟人遍天下"是好事还是坏事

像A君这样，在一个行业中沉淀久了，"熟人"自然遍布天下，有许多客户都已成为他生活中的强关系。他靠这些关系吃饭，一直在为这些熟人服务，也依靠熟人给他介绍新的客户。这是好事还是坏事呢？当有一天，掌握互联网社交、营销工具的新人与他同台竞技时，面对后起之秀在陌生人群体中高效营销的能力，他还有多少优势可言？

从现代营销的角度看，"熟人遍天下"反而成了一种劣势。一个人有雄厚的强关系基础，让他舍不得放下近水楼台，不愿意去冒险开拓陌生关系。于是，他待在一个封闭的院子里，在强关系的"恩养"中得过且过，事业也就很难有大的突破。

隔绝的是"进取心"和"对待生活的热情"

过于依靠强关系，我们在关系网的隔绝中失去的不仅是对外部世界的好奇心和进取心，还有对生活的热情。在很多案例中我都发现，一个人在熟人关系网中待久了，他对新知识的学习与求知欲都会一点点地降低。他也会放松对自己的要求，因为潜意识告诉他，你不用如此努力，出了问题自然有熟人兜底。

更致命的是，你将逐步地习惯"光说不练"，因为你所有的信息获取渠道、业务来源都是熟人，较低的行动和责任风险使你对危机丧失警惕。一旦这些熟人不可靠了，你完全没有备用策略，没有其他关系和资源代替，到时将两手空空。

第一，熟人越多，越要让自己归零。

中国是一个讲人情的社会，生活中熟人间互相帮忙，事业上熟人间彼此扶持。熟人多了，互相之间办的事情就越多，可这未必就是一件好事。当你发现自己熟人很多并且向他们的求助很多时，意味着你在自己的强关系网积欠下的人情也越多。

这时候，你要让自己归零。如何归零？

·从现在起，争取不再以求助熟人的方式做成自己的下一件事情（尤其是工作）。

·调整自己社交的心态，不再将熟人作为自己交友或工作的主要平台（只是把它视为一个重要的部分）。

这两条保证我们能用一个开放性的态度对待未来，这是走出熟人社会的开始。你认识的熟人很多，不代表生活和工作都要依靠他们。相反，熟人越多，我们就越要注重开发外部的弱关系，让两者有机地结合起来。

第二，要积极地走进弱关系世界，与陌生人打好交道。

让自己睁开眼睛向外看，去开发新的关系，这是摆脱"熟人关系网依赖"的重要一步。比如A君，为了拿出好成绩超越同事，他要做的不是抱怨，也不是对新人嗤之以鼻，而是在新的业务中积极拜访陌生客户，学习新的营销手法，而非死抱着熟人推荐的模式不放。

和陌生人打好交道，就是要把弱关系的外缘继续向外扩张，把更多的人纳入进来，通过持续的联络从中获取价值。所有的营销大师都是经营弱关系的高手，他们从来不会用熟人关系网隔绝自己，走对了方向，业绩自然蒸蒸日上。

不具备稀缺资源

在关系领域，我们要有一种"稀缺思维"。人们都知道，越是稀缺的东西，升值就越快，关键是不知道如何判断。就像黄金一样，由于地球上的金矿资源十分稀少，所以不管经济如何发展，黄金都是一种昂贵的金属。在信息层面也是如此，"稀缺思维"就是如今人们不断地刷新信息资源，导致信息超载却停不下来的心理——在过量的信息背后，是我们已经厌倦了重复和陈旧的信息。我们每天翻阅着无数的资讯，却很难找到让自己眼前一亮的东西。

稀缺思维在社交关系中的应用核心是，由于强关系固有的特性，我们从强关系中较难获得有价值的新信息。熟人知道的那点事你早就听说了八百遍了，熟人能想到的方案也许你早已经尝试了几十遍。因此，在解决一些疑难问题时，像熟人这样的强关系很难提供稀缺而有效的资源。这时，必须通过弱关系链接到其他关系网，才能找到自己需要的资源。

在加州大学伯克利分校任职的莫妮卡最近失业了，她在路上遇到了两年未见的老同学格里芬斯。两个人聊起最近的生活情况，莫妮卡郁闷地说："我离开大学几个月了，一直没有找到满意的新工作。"事实的确如此，她在伯克利的所有亲朋好友几乎都跟州立大学有一些关系，他们能提供的机会均不是她喜欢的，因为她想在事业上有一些突破，不想再在校园教书。

格里芬斯惊讶地说："那你找我呀！"她的一位朋友在硅谷工作，上一次聚会刚好提到公司正在招聘，专业也正好对口。于是，格里芬斯将那个人的电话和电子邮件告诉了莫妮卡，并特意给朋友发短信介绍情况。最后，莫妮卡通过面试，成功地在硅谷焕发了事业的第二春。

这个例子体现了弱关系的威力，也告诉我们强关系的不足。强关系为一个人画好了一个有既定范围的社交网，这个网里的许多问题都容易解决，但网里人唯独对网外的事情缺乏掌控能力。网外的资源对强关系来说是稀缺的，而你需要勇敢地跳出去，与其他关系网建立弱链接。

对待社交要有"稀缺思维"

我们如今活在一个信息四通八达的时代，互联网把一切熟人关系网在过去所拥有的优势击得粉碎。如果你仍旧顽固而保守，将来必然输得体无完肤。看看身边或那些名闻天下的成功者，他们的拿手好戏都是可以将全世界的资源为己所用，非常擅长结交优质的弱关系，并实现资源的整合。

要为自己的未来好好考虑。假如你还是坚持原有的思维模式，那就真的离"死亡"不远了。在大多数情况下，强关系已经不再是我们走向成功的必然保障，任何现存的熟人关系网的优势都经不住互联网的冲击。这就是为什么我们要在互联网上获取信息，而不是从熟人口中打听答案的原因。

终有一天，熟人的经验都会失效。这个时间不会太晚，而世界上的任何事物都有其保鲜期。所以，不要再凭借自己过去十几年来积累的关系吃饭，要从现在起依靠获取稀缺信息的能力生存，这比你认识巴菲特都更加重要。

不同"群"之间的信息流动

在信息的层面，弱关系很好地促成了不同"群"之间的信息流动。一个关系网就是一个群，在不同的群之间建立信息通道，是未来的成功法则。相比紧密的、互相绑在一个关系网内的强关系，它更能为我们带来新的机会。

所以，熟人无用的时代到来了！在重大的问题上，你会发现强关系总是拿不出最好的解决方案。那些能够解决问题的人，他们都拥有丰富的弱关系资源，并以此建立了松散、广泛而强大的人际关系——以弱关系为基础的信息库。一个具有优秀社交能力的人，他聪明地立足于不同的群之间，在各种群的交集中建立自己的领地，成为不同资源的中转站。

思考：谁是最好的工作搭档

谈到事业的搭档，小米公司的创始人雷军说："我在创业之初花了70%的时间去找人，我找的不是和自己一个层面的合伙人。因为合伙人要互补，要不一样，甚至要成为我的一面镜子，要能跟我最熟悉的东西互相挑战。"

雷军的这段话充分表明了弱关系在创业中的最大功用——我们找合伙人最怕的是找自己最熟悉的一些人，也就是强关系。作为联系频繁的熟人，强关系跟我们的观点往往是比较一致的，多数领域都处于同一层面，两个人结合在一起便非常容易"同质化"。这就违背了合伙人的根本原则，所以商场上才会有一种现象：凡是和熟人一起创业的，往往都很容易失败。

要学会在弱关系中寻找合伙人，而不是和最好的朋友开公司。熟人在一起做生意，除了同质化的缺点以外，在利益层面也不容易切割。越亲密的关系，就越容易将利益混为一谈，最后关系恶化。因为熟人之间许多事情都以"情义"作为纽带，涉及金钱、股份等利益问题时便抹不开面子。创业开始时，由于普遍比较困难，还不到赚钱的时候，这时能够团结一心、共同应对，可一旦公司赚钱了，矛盾也就慢慢地出现了。

现在创业的人普遍都有一个合伙人，但细究他们的关系你会发现，除了企业的合伙人之外，他们还是很早就一起玩的死党、发小、关系紧密的亲属或亲密无间的朋友。这样的结合听起来非常牢固，但却难以长久。在创业的时候，弱关系就能避免这样的麻烦。

弱关系给我们的启示是，你能否摆脱内心牢固的"社交文化"的限制，你在社交层面的交往，眼界够不够宽？你的社交线条是向外辐射式的吗？有没有接触到足够多的人群和不同层面的关系？这个对于创业的成功是非常重要的，决定了你能否为自己的事业加入一些完全不同的"基因"，获得稀缺的信息和资源。

为什么熟人无用？因为在今天的时代环境中，没有一个人是万能的，也没有人什么都懂。我们在熟人关系网中获得的资源无法真正地应对外部世界。因此，要寻找基因不同的人来一起互相弥补和互相成就，帮助对方成长。

另外，相比熟人，弱关系给予我们更好的经验、更多元的知识与更广阔的视野。和熟人比起来，弱关系分布在不同的关系网里，从各式各样的角度了解着这个世界。他们代表着多元的视野与知识，也拥有更好的经验。现在，人们的知识不断地迭代更新，不断从竞争中成长起来，学习周期已经变得非常短，新的环境要求我们必须快速地成长。这是熟人关系网无法满足我们的，必须用开放性的社交从广阔的世界中汲取营养，利用弱关系的力量使自己壮大起来。

不管是寻找合伙人还是工作的搭档，都应该着眼于基因不同、知识不同和经验不同，让搭档可以与你优缺互补，最后实现强强联合。

第二章

被忽视的"不熟悉的人"

人们习惯了忽视"偶然信息"

有句话说："只有平时做好准备的人，在机遇来临的时候才能抓住它。"多数人只是具备了发现机遇的眼睛，却不拥有抓住机遇的态度。当机遇不期而至时，他们只能眼睁睁地看着机遇从指间溜走。

人们重视关系，这是一个关系社会。美国总统的竞选离不开关系，候选人和背后的财团四处公关；商务谈判离不开关系，我们与客户的合作与条款经常取决于双方关系的好坏；人的事业发展、情感和家庭生活等也离不开关系，"多个朋友多条路"就是关系对人生有着重大影响的体现。

但是，人们对关系的理解又经常出现偏差。过度重视强关系网的信息，遇到问题时把所有的希望都寄托在熟人关系网，对周边的人提供的信息视而不见。不是他们不想重视，而是多年来养成的习惯使其并不把"不怎么熟的人"伸过来的援手放在眼里。

无限放大的"小价值"

有时候，正是这种"不怎么熟的人"提供的信息，在最后解决了大问题。弱关系就像一面神奇的放大镜，它把每个人身上对于他人的"小价值"无限放大了。这些信息对拥有者而言没什么了不起的，分享一下不会损失什么，但对求援者却可能重如泰山。

随着互联网社交平台的发展，"偶然信息"的价值正在扩大。我们打开微信或者QQ，会发现签名栏开始成为信息发布的平台——招聘、求职、交友或业务推广等。例如某金融公司的某个职位出现了空缺，高级人才寻找分析师的职位，独栋别墅出售，求学或买房，等等。

这就是弱关系的力量——它并非对完全陌生的人发布信息，而是可以借助一个我们有所联系的平台为他人提供机会。对提供信息的人来说，这不费什么力气，但对求助者来说，这是无价的，因为解决了很大的问题。

你觉得微不足道的举手之劳，对别人来说可能是一次天赐良机。这是弱关系所提供的信息的特点之一。

几年前，我在国内的事业刚展开，公司迫切需要业务源，但是问遍了所有的朋友，都不能快速地找到机会。眼看着十几个人每天蹲在写字楼里空耗时光，花钱如流水，公司却无进账，我和其他管理者都心急如焚。

后来我们开了一个碰头会，决定再坚持一个礼拜，实在不行就暂时"各回各家"。为了节省成本，这是一个无奈的办法。开完会的第二天是周末，我一个人去书店散心，来回转悠了几圈，没买一本书。这时我碰到了一位老先生，他正拿着一本收藏类的图册仔细翻看——这正是我比较擅长的领域，我也很感兴趣，便驻足与他交谈，讨论图册中的一些照片。

正是这次偶然的交谈，为公司带来了转机。老先生是北京一家收藏协会的会员，他告诉我过几天会有协会举办产品展览，而他的一个好朋友正好是这次展览的主办方。众所周知，这样的展览总是蕴藏商机。这是一个让人喜出望外的消息，最终也使我的事业避免了早早夭折的命运。

重视"偶然间得到的信息"

也就是说，拯救我的正是偶然间得到的信息，这胜过了我们十几个人之前数月的努力。我们当时感慨道："我们与亲朋好友倾注热血劳神费力了这么久，最后解决问题的却是一位素昧平生的老先生，而这对他而言只是不值得费心的举手之劳。"

这表明，我们要重视一些过去极少正眼相待的边缘关系。因为，与我们认识又非密友的人更能为你提供新的机遇。至少在某些情境中，这一论断是正确的。

美国知名的职业人社交网站 LinkedIn 的创始人雷德·霍夫曼对此很有发言权。他创立的网站建立了职业人之间的商业关系网络，为各种人搭建了一个交换桥梁。他说："人们可以通过创建关系来达到一定的目的，这种关系就是弱关系。举例来说，鲍勃是辛迪和弗雷德的朋友，而弗雷德认识乔和米歇尔，米歇尔又认识莎拉，然后莎拉在某件事情上帮了鲍勃，这就是弱关系的作用。"有些信息不是必然属于你的，一个偶然的时刻你听到、看到、得到了它，后面的事情就变得与众不同了。

就是这么奇妙。但有些人不重视、不在意这些不经意间得到的信息，他们缺乏敏锐的眼光和分析能力。所以，当人们抱怨自己没有机会时，也许并不值得同情。这些人的眼睛上始终蒙着一块遮挡视线的布——他们看不见身边的机遇，只因为这些机遇没有储存在他的固定社交网里。

"近亲"与"远邻"的思考

从全世界的范围看，人们都太重视近亲而忽视远邻了。

不管是社交活动还是寻求商业伙伴，最有价值的交往主要分布在强关系的外围，边缘关系提供了大部分的工作机会与商业合同。在人际关系的拓展上，边缘关系也承担着向外扩容的任务。只要你愿意向前看，有着积极的人生态度，你的关系网必然要不断扩容，融入更多的资源。

但在现实中，人们依然更加依赖亲属关系——从心理、情感到实际行动，无不体现着这一顽固的原则。中国人尤其如此，他们对外围的人际空间的利用度较小，实际行动也并不如口头上那么重视。

打个比方，在构成一个人的社会资源的二十一个人中，亲属会占七个人，同学占四个人，同事也占了四个人，而外围的弱关系只有六个人。占比最大的是近亲属，他们有最大的话语权。

国内一位社会学家评价这种现象时说："中国人更依靠亲戚、家人获取社会资源，但对于本该更具有价值的社会关系网却利用不足。从这个角度来看，中国社会的大量社会关系网络虽然十分发达，却处在无效和浪费的状态,因为人们赋予了以血缘为主的关系网过重的角色和期望。"

他举了一个典型的例子:家族企业。中国社会的家族企业十分盛行,多数民营公司在迈过初期的生存阶段、发展壮大后,创办人习惯性地引入家族关系协助管理公司,而不是寻求外界的合伙人或进行战略融资。尽管新兴的互联网企业已经呈现出另一种特征,对其他领域的大部分创业者来说,亲属关系还是他们最重视的资源。

近亲始终是构成中国人的关系网的核心,在关键层面上,弱关系被冷置了。造成这一局面的原因是什么?

摆脱不开的"熟人社会"

中国人的关系基础是"熟人社会",这是由传统的中国社会所决定的。在农耕社会中,宗族是社会组织的主要结构。一个人从出生后就处于一个大家族中,在血亲、姻亲和友情网络中天生有一个固定的位置。

我是谁的儿女?

我是谁的侄子?

我是谁的发小?

这些关系非常清楚。以此为核心,熟人社会就像一张大网,多数人的一生都是在这张网中写就的,所有的努力可能都是在扩充或者完善这种以熟人为主的社会关系。在农耕社会中,这一关系形态当然是有利的,它可以带来安全感,也能保证父辈资源的传承。一个人长大后继承父母留下的土地、生意，娶妻生子，延续家族的血脉，直到他死亡，再将自己积累的资源传给下一代。这么做没有风险。

但当农耕社会被打破以后，中国人进入了商业社会，熟人社会的关系结构就不再适用了。可是，许多年轻人从熟人社会走出来，尚未完成再次"社会化"——接受新的环境，适应新的要求。通俗地讲，我们离开了熟人社会，但对以弱关系为主的新的社交形态还没有完全接受。至少相当一部分人并未给自己一个恰当的定位，这是人们更相信强关系的原因。

另一方面的原因也非常重要，中国社会正面临一个巨大的"人情荒漠"。这些年，社会上不断出现的负面新闻让人们不敢相信陌生人——即使是朋友介绍的陌生关系，也会保持足够的警惕。多数情况下，"陌生人"这个词在中国人的心目中代表的是危险的信号。

"不要接陌生号码的电话！"

"不要相信不熟悉的人！"

"不要轻易向陌生人敞开心扉！"

"不要单独与陌生人见面！"

……

我们耳边充满了这类警告。所以，与近亲比起来，弱关系在许多人看来是不值得重视的，即便有些弱关系能给自己带来极大的帮助，他们也将信将疑，以审视、怀疑的态度去接触。有些机会在犹豫不决之时，很快就消失了。

学会信任不熟悉的人

2018年，中国社会科学院的下属机构发表了一份名为《中国社会心态研究报告》的蓝皮书。课题组对北京、上海、郑州、武汉、广州等七个城市的数千名居民进行了详细的访问。结果显示，人和人之间的信任度正在大幅度下降，已跌破了六十分的信任底线。超过70%的人不敢相信陌生人，只有不到20%的人表示愿意相信陌生人。

具体表现在：

·快递和查水表的人敲门时不敢开门。

·去超市购物，习惯性地盯着称量的数字，或者反复检查保质期。

·记不清自己多长时间没去邻居那里串过门了，甚至有些社区的同一单元、同一层的人对面不相识。

诸如此类。我们对"不熟悉的人"的警惕究竟到了什么程度？有人这样形容："如果不是被门外嘈杂的噪声气昏了头，开门去质问，我根本不知道隔壁的邻居早就换人了。新邻居是六个月前搬来的。那一刹那，我觉得自己就像生活在一个丧尸世界，对邻居的提防竟到了如此程度，以至于平时根本不相往来。"

弗朗西斯·福山是美国著名学者，他说："信任是一切社会资本的基础。"福山认为，不同的社会存在着不同的信任文化，有低信任文化和高信任文化之分。高信任文化必须超越血亲关系，低信任文化则只存在于血亲关系之中。在高信任文化的社会中，不同社交网、不同地区的人都能够相互信任，自发与密切地合作。这恰恰是弱关系被高度开发、利用的表现。

低信任环境

显然，从福山的视角看，中国还是一个"低信任度"的社会，存在的"低信任环境"使我们本能地更相信强关系而疏远弱关系。这一点在许多学者的调查中也得到了体现，亚洲地区的社交文化普遍显示出亲近熟人而警惕陌生人的特点。欧洲人和美国人擅长利用弱关系，与他们的社会是高信任文化有关；东方人则更喜欢利用强关系，因为我们的社会是低信任文化。

上海的杨先生做生意被朋友骗了60万元，说："我和他认识三个月，对他十分信任，也相信他介绍的客户，但最后我才发现，这是彻头彻尾的陷阱，到处是欺骗。我以后不会再相信外面的合伙人。"

正是因为有过受骗的经历，杨先生对"弱关系"嗤之以鼻。东山再起时，他把生意交给了亲戚打理。以血缘为基础的近亲让他信任。不过，无论他们如何团结、努力，杨先生的事业始终停留在一个较低的层次，没有发展起来。因为他的视野太狭窄了。

在"高信任环境"中，充分地利用弱关系，会增加我们向上流动的机会。但在低信任环境中，人们则是通过强关系寻找新机会，期待得到较丰厚的回报。强关系是中国社会链接起来的支柱，这无形中压制了真正的社交资源——许多机遇被隐藏和荒废了。

跳出心理误区

我们需要克服对陌生人的不信任感，拉近从"陌生人"到"熟人"之间的距离。现实中，几乎所有人都明白处理好外界的人际关系的重要性，不能只在熟人间进行价值交换，要向外开拓陌生的区域。但是，基于根深蒂固的不信任，人们总是找不到有效的方法。

"我不相信那些戴着面具的人。"正像杨先生说的，人们有如此坚固的心理城防，习惯了用警惕的目光审视身边的人和事。强烈的主观色彩与狭窄的视野会让人陷入尴尬的境地：

我们需要弱关系，但又习惯性地拒绝与陌生人深度接触。

所以，选择信任陌生人的人越来越少了。这一心理认知如同一粒生根发芽的种子，一旦种植在内心，就会茁壮而不受限制地成长。它会逐渐成长为一种属于全社会的社交文化，就像我们在马路上不敢帮助那些求助的路人一样。

"谁知道他会不会骗我呢？"

拒绝陌生人，直接掐断了我们社交关系的延伸，越来越局限于自己的熟人关系网，在强关系中维持自己的价值。

如何才能跳出"不信任"的心理误区？

崔先生是一名在北京工作的白领，他说："近十年的工作生涯，让我深感人际关系的微妙与重要。从普通的职员到现在的中层管理者，让我获益匪浅的不是名校的光环和强大的亲属后援团，不是高质量的朋友网，也不是人们常说的工作能力，而是我在为人处世时的信任与耐心。"

在他看来，一个人在工作中扮演着三种不同角色：同事、管理者和下属。不同的身份，对于工作和人际关系的期望也不同，这就要求我们具有和各种人相处与交往的能力，而不只是待在一个熟悉的地方。亲人与好朋友构成的熟人关系网固然安全，但一直待在里面会让自己失去与这个精彩的世界深度沟通的机会，会错过许多好机遇。

这些年来，崔先生努力工作的同时，也不断地努力学会与不同的人交往。起初，他对职场中的社交怀有极大的敌意，因为总有朋友和亲人告诫他："不要轻易信任别人，他们会利用你！"这让他在工作的前两年小心翼翼，从而举步维艰。他的脸上写着"我很小心"和"我不相信你"，和同事、上司与客户的关系都很一般，拓展业务时也处处碰壁，没有多少机会。

"这种心理会让你与别人产生许多误解。有人说我自命清高，也有人怪我不通人情，毕竟人们愿意与我结识，我却大门紧闭。虽然在不信任的环境中会有许多纷争与危险，但同时也存在彼此依靠和互相需要的微妙关系，而我需要面对和处理这些关系。一旦我能迈过这道坎，对事业会是有力的助推。"

崔先生想通这个问题，缘于一次工作失误。老板对一个业务下了死命令，要求公司必须签下订单，但他却搞砸了，客户非常生气，不准备与公司签约。崔先生惴惴不安，这件事处理不好，他肯定会丢掉工作，卷铺盖走人。

这时伸手相助的，不是他一直以来信赖的亲人和朋友，而是公司销售部门的一个"不起眼"的新人小马。小马刚到公司两个月，工作十分卖力，任何事情都积极表现，但由于是新人，表现的机会很少。看到崔先生在办公室焦躁不安，小马便主动过来询问。得知事情的来龙去脉后，小马自告奋勇，表示愿意尝试一下，他与那位客户以前有过一面之缘。

不久，问题就得到了解决。崔先生发现，小马其实是说了谎，他并不认识客户，但他通过其他的渠道打通了客户的关系。没有人知道小马还有这本事，崔先生很幸运地得到了帮助。由于拿下了这个订单，崔先生和小马都得到了公司的表彰，两个人在这件事情的合作中获得了共赢。

崔先生说："从那天开始，我反思了之前的社交态度，也总结了经验。小马在当时对我而言是弱关系，但他帮我渡过了难关。如果不是他主动询问，我真不知道公司竟然有人可以和那位客户建立这么特殊的关系，别人也不清楚。我想，我不能忽视任何一个人，哪怕他毫不起眼，因为山外有山，人外有人。"

用正面的词汇定义"弱关系"。错信一个人的代价有时是惨重的，但从崔先生的经历来看，收获总是大于风险。问题在于，你将采用何种态度对待此事。如果想成为事业中的佼佼者，修得好的人缘是关键。多交朋友，少树敌人。这个道理我们都知道。但是，用积极正面的态度面对社交才是基础。在提到弱关系时，你想到的词是什么？是"风险"和

"骗局"，还是"机遇"和"收获"？社会鱼龙混杂，但你首先要有一个阳光的态度。相信自己会从中受益，才能最终受益，运用弱关系为自己积攒无形的财富。

为自己的社交策略提前做好全面的规划。尽早地对自己的人际关系与社交策略进行布局，而不是遇到问题时才发现自己"无人可用"。一份全面的规划，意味着我们要把熟人、陌生人和所有的边缘关系纳入统一的社交战略——每一个联系人和潜在的关系都是同等重要的，他们可提供自己需要的信息。当你全面地拓展关系，积极发掘各个领域、层次的社交时，若干年后，你将收到回报——一通电话、一个邮件就可以解决正令你感到棘手的问题，快速实现目标。

不再冷漠

在我们的社交策略中，欣赏和尊重不可缺位。人和人之间信任度的下降，多数时候不是社会的冷漠造成的，而是因为人们之间的交流变少，交流的方式也变得僵化、冷淡和互相提防。你无法改变大环境，但你可以改变自己。任何层面的沟通——现实中、网络上、生意场上和生活中，表现出自己的热情，提高与人交流的温度。当你不再冷漠时，你会发现自己的社交效果很快就有提高。

从"不信任"到"信任"，别指望人们主动对你让步，要先让自己成为一个值得信任的人。不管是强关系还是弱关系，关系的本质是互相取暖。你不再冰冷，别人才会对你敞开胸怀。

偶然信息改变人生

在《超级关系》一书中，作者理查·柯克通过大量的社会学实验与自己的实证经验，对社群与社交行为看似随机无系统的互动与链接进行了深度的剖析，为我们发现了其背后潜在的力量："不是强链接在推动世界，而是弱链接在使社群保持活力。"

这本书颠覆了传统观念中的"强关系"（我们既有的人际关系，比如亲人、好朋友、好同事等）对人们"最为有用"的观念，也反思了人类社会长期以来一些顽固的错误的常识：

第一，强关系才值得信赖——也许还带来了严重的限制与障碍。

第二，泛泛之交的弱关系毫无价值——可会为我们带来重要的知识、资讯或者创新的想法。

第三，不稳定的关系没有长期价值——但事实上，主要的人际关系如果长期不更新，反而会让关系的价值弱化。

这三种错误的常识在人类社会扎根已久，形成了抱团文化，也让人们习惯于生活在一个既有的社交网、社区或组织内，用一道无形的墙将我们与外部世界隔离开来。人们不想走出去，对外面的精彩也不以为意。正是这种习惯，让许多人忽视了身边的"潜在的机会"。

潜在的知识与机会

应该如何对待弱关系？柯克在他的书中指出："弱链接"的作用是巨大的，它将带来宝贵的知识、机会与创新。与之对比，一般人倚赖最深的"强链接"反而是我们往前迈进的阻碍。

和过去的社会相比，信息的传播速度越快，弱关系的重要性就越突出。几百年前或一千年以前，人类出行依靠马车、步行，交往依靠信件，也没有可以浏览即时新闻的工具。在封闭的社会形态下，强关系才是最牢靠的。但现在不同了，电话、邮件和互联网的出现，使我们能在任何时刻了解世界的每一个角落，我们不再必须依靠强关系接收和传达信息，而是有了无限可能——就像六度理论所言，你在原则上可以链接地球上的任何一个人，而且不超过六个节点。

在互联网时代，弱关系蕴藏着无穷的知识与机会，它代表的是我们身边这个圆之外的所有世界。谁能利用好弱关系，谁就能够成为人际关系的强者，对自己的生活、事业产生巨大的推动。和很小的熟人关系网比起来，弱关系的链接向四方伸展，可以链接到任何一个人，获知所有可能的信息。

这就像一座桥梁，它从你这个点出发，通往相距遥远、各自不同的社会角落，进入不同的领域，让世界变得更小，让你和其他人能互相看见，并了解各自的需求。理论上，世界上的每个角落都有你的人际关系，每个人都可以成为你的好友，具有非常大的价值。这些价值有的很明显，有的则潜藏在不知名的地方，等待你的召唤。

在这个基础上，你就能与人们进行潜在的价值交换，碰撞出奇妙的火花，而不是在熟人间重复那些"枯燥的游戏"——你们彼此知悉一切，已经无法突破信息的上限。

弱关系：信息集合的强传播

最后，我们看看弱关系是如何利用互联网扩大信息传播的。在网络时代，尽管一个人还是会将主要的注意力放到熟人的单条信息上——转发、分享与交流，但无数弱关系的集合却已经承担了大多数信息的传播职责。

在信息的强传播中，弱关系不是"一个人战斗"，而是共同起作用。一种典型的现象就是"病毒营销"，一个不起眼的信息从某个陌生人那里上传到网络上，经过无数陌生人的分享，汇聚成一个轰动的网络事件，变成了大新闻。所以，一个微不足道的消息演变成强传播，依托的正是弱关系。

例如，一个人有100个弱关系的好友和10个强关系的好友。作为熟人关系网成员的强关系总是数量稀少。假设你分享亲密好友信息的概率特别高，达到了50%（有一半的消息会被你转发），但弱关系的概率则很低，仅为15%（你只分享特别感兴趣的内容）。由此，双方由你传播出去的信息数量分别为 10 × 0.50=5 和 100 × 0.15=15。

　　强关系是5，弱关系则达到了15。这还仅是一个传播节点的情况，无数的人都以平均3：1的比例向外传播信息。最终，我们其实是从弱关系那里得到了更多的信息，而不是从关系网。

思考：绝望时，谁给你希望

有一句话可以形容弱关系的价值："美好的事情，总是在你不抱希望的时候闪亮登场。"无论是求职还是创业，大部分人都有过绝处逢生的经历。那时，一个人最渴望的是什么呢？

第一，机会。

第二，人际关系。

为了获得这两样东西，人们穷尽一切。越是在绝境中，你越会发现自己平时的人际关系积累是远远不够的。你渴望有一个电话号码可以打通，电话那头的人可以"救你"。但越是着急的时候，我们现有的人际关系越不管用；反而是那些你不抱希望的人，在你失去信心时，弱关系总能派上用场，解决你的问题。

第一，当你感觉自己很失败时，想想下面的问题：

——除了无话不谈的熟人关系网外，你还有其他朋友吗，他们是做什么的？

——在社交中你学到了什么，为未来做了哪些准备？

——你如何从关系网获取信息，如何定位自己的价值？

——你如何保证别人来帮助你，而不是帮助你的对手？

最伟大的合作不是你用重金交换来的，是在你无所交换时，仍有人愿意与你合作，不想看到你倒下。对泛泛之交不屑一顾的人总是到山穷水尽时才明白这个道理，平时孤芳自赏、自我封闭，到用人时才后悔没有早结善缘。回答这四个问题，可以让我们反省过去的五年，展望未来的五年。

第二，为何有的人"命中多贵人"，而你没有？

为何有的人"电话一响，黄金万两"，而你的通讯录中连一个能打的电话号码都找不到？事实上，一个人的关系广不广，交际的质量高不高，不看平时，就看在他最困难乃至绝望之时，有没有人会主动提供帮助，或者能不能找到一些熟人之外的关系。

根据调查显示，人们口中的"贵人"，大多都不是自己熟人中的关系，而是来自固定的朋友网之外。我们研究世界范围内成功者的案例，总是能看到一个共同的现象：他们都擅长结交各个领域的人际关系，是拓展弱关系的高手。在社交方面相对保守的人，大多是事业的守成者，很难成为开拓者。

第三，你是不是在摔了很多跟头以后，方知道分享才能让你更成功？

十年前，我认为竞争才能成功。但是十年后我明白，分享才是成功的法则。分享是关系学的本质，也是我们成功地链接这个世界的钥匙。

从现在起：

——你要愿意相信身边的每一个人，包括素不相识或只有一面之缘的人。用信任换取信任，用信任和他们建立链接。

——你要公平对待强关系和弱关系，一视同仁，重视人们给予你的每一条信息，而不是本能地只相信熟人提供的资源。

——你要能够无私地分享，帮助更多的人，包括没有什么存在感的新人，善待那些即便“握握手就不再相见”的关系。因为不知道哪一天，你就需要他们的帮助。

第三章

借势就是找到不熟悉的人

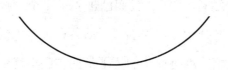

为什么你总不能与机会相遇

　　没有人不喜欢"经营关系"，我们已进入了一个"投资关系"的时代——数十年前就已经开始了。我们每天给各种人打电话，发微信，参加饭局，邀请聚会，结伴出游；我们记下新朋友的电话，制作联系人卡片，在社交平台互加好友，定期留言，分享信息。我们愿意扩大人际关系的规模，愿意加强双方的互动，哪怕是最成功的企业家也会抽出大量时间做这项工作。

　　人们在关系的建设上花费这么大的精力，只是为了让自己不那么孤独吗？显然不是的。从大学毕业后，你要找一份工作，还可能计划寻找合伙人创业，找客户资源，或者找人了解信息。这时候，你所依赖的就是关系。在有需要时，看看有谁能帮上忙，但是结果往往让我们失望。每当需要一份工作和一个好客户时，我们满怀期待地翻开通讯录查找半天，又会眉头紧锁地把它放下。

　　这时，很多人都会产生一个疑问："为什么平时勾肩搭背的熟人们反而不起作用？"

对这个问题，我在二十二岁时就有了一些颠覆性的认识。2001年，我拿到了工商管理的硕士学位，准备找一份自己擅长的工作大展身手——当然也必须是自己感兴趣的。我的方向是互联网行业。不幸的是，互联网泡沫就在那一年年初破灭了，理想还没开始，就被当头浇了一盆冰水。这还意味着我之前苦心积累的行业知识、就业信息和漂亮的简历变成了一堆垃圾，很多常识被否定了，很多企业关门了，很多信息正被迅速更新，我需要从头开始，另寻出路。

我的第一份工作就是在这种背景下获得的。从上海回家后，亲戚朋友都很关心我的就业情况，大家七嘴八舌、出谋划策，提供各种各样的信息。每个大学生都会经历这样的场景，你的工作和婚姻是自己熟人关系网的大事，如果你愿意，总会有人指给你一个方向，然后安慰你："追求不要太高，先试试看？"这就是强关系的价值，它既和你共享信息，也能为你提供一个必要的"精神港湾"。

两个月后，我的姑妈从天津打来电话，她非常关心我这位"高材生"的前途，告诉我天津一家进出口公司正在招聘，职位是物流管理。这是我很不喜欢的工作，但这也是我当时在自己的熟人关系网内能找到的最好机会。我们大部分人的熟人关系网都是这种情况——为了找到一份喜爱的工作，你需要对亲友、朋友发布信息，请他们代为留意，或者干脆自己拿着一份精心包装的简历到处搏杀。

物流管理的工作十分乏味，但对心态积极的人来说，任何工作都绝不是一无是处的。这个职位的最大好处便是可以遇到形形色色的人，他们来自天南地北，不同的国家，不同的行业，只要他们的产品需要在港口下船，委托我们进行中转运输，都要经过我所在的部门，我就是那个负责物流分配的角色。这让我获得了大量的弱关系，并有机会和他们建立有效的联络。

工作三个月后，我在一个国外的客户那里认识了一个驻中国办事处的公关主管安菲克。这个人是在美国出生的华裔，最近被派到天津处理一批重要的货物，他的任务是疏通各个环节的关系，包括物流。我们见第一面时没说几句话，客气地寒暄，互相留了名片。几天后第二次见面则聊得多了些，听说我本来想去互联网公司发展，他透露了一个消息：

"我认识一个人，他所在的上海公司正需要一名懂管理并且对互联网感兴趣的市场人才。我个人认为这个职位很有意思，你需要他的联系方式吗？"

这不是一个最好的机会，但也相当不赖。于是，我第二天就登上了去上海的火车，并在一周后办理了离职手续。在上海三年的工作经历，为我后来的事业打下了坚实的基础。这个机会是由一位只见过两面的人介绍给我的。

我相信很多人的工作都是由这种途径获得——通过熟人的介绍去了某个单位，这份工作你不太喜欢，但已经是大家能够帮你找到的最好的平台了。不过你在单位没有混吃等死，而是一边工作一边拓展人际关系，然后你从某个刚认识的人那里听说了一个新的工作机会，这个机会让你心跳加速，因为那正是你想要的。

安菲克帮我介绍了一份优质的工作，但后来我们之间的联系并没有因此变得热络起来，甚至几个月都不会打一次电话，但每逢元旦、春节和生日时，都会准时收到对方的贺卡。有时我们也会在社交平台上留言，内容都是一些简短的礼节性的问候。对我来说，安菲克和我的联系就是一种非常典型的弱关系。通过这件事，我开始认真地思考关系的不同价值，并且总结了两个原则。

第一，在事业上，永远不要指望熟人关系网。

我把它称为"熟人无用"原则。这个原则并非基于功利的目的，不是说因为熟人帮不上忙，就不要理会他们。恰恰相反，我们自己首先要去除对待熟人关系网的功利心态，不要企望从强关系那里获得事业上的重大帮助。因为现实就是，从工作或商业化的角度来看，强关系能够提供给你的大部分都是弱价值。

你可以请求熟人介绍恋爱对象，解决婚姻问题，疏导心理危机，但在事业上，以熟人为主的强关系起到的作用是微乎其微的。社会学研究早就证明，同乡会和校友录等强关系平台并不是扩展人际关系的好地方，虽然人们热衷于此。因为在强关系的社交网里，你们所掌握的信息是趋同的，你们的社会网络具有较强的同质性。

第二，对陌生人好一点，因为边界之外决定你的未来。

在熟人和陌生人之间存在一个富有弹性的边界，社交的目的就是尽力将边界往外推，让它的空间越来越大，吸纳的信息越来越多。所以我会对人们说："一个人不仅要善待熟人，还要善待自己遇到的陌生人。这个世界上任何陌生人，都可能在下一秒成为你生命中的弱关系。"没有人知道会发生什么，唯一确定的就是，社交网的边界之外才决定着我们的未来。

谁会给你真正的机会

但大多数人是做不到第二点的。他们也有一些"合情合理"的疑虑：

·我如何防止被利用——潜意识中只相信已经建立互信的强关系。

·我怎么判断这是不是无效投资——仍然从投机的角度看待关系，将它视为简单的投机学。

具体来说，我们在工作中的客户关系，哪怕是一些微不足道的小人物，要不要给他们留下好印象？有时候，正是某个你连电话号码都没记住的人在不经意间透露了一些关键的信息。这条信息解决了你正在面临的问题，甚至会改变你的命运。

你有没有遇到类似的情况？

在格拉诺维特看来，与强关系相比，弱关系更加社会化和商业化。前者在本质上是基于情感联系的：宗族的、近亲的、友情的、爱情的等以情感为基础的关系组成了我们的熟人社会，这些强关系天生具有封闭的特点，它对一个人的社会化和拓展商业信息提供不了太大的帮助。弱关系则是完全社会化和商业化的，它源于你的固有关系网之外，可能是任何一个人，可能是任何一种身份。

从传统上看，中国社会显然仍是一个强关系社会。虽然互联网社交已风行十几年，但在现实中你仍然能够强烈地感觉到，足够强的"强关系"——老同学、朋友、亲友关系等，这些仍是过硬的武器，至少在观念上是如此。中国人不停地建设强关系，虽然它让一个人的人际关系越来越封闭。

可是，为了取得更大的成功，你要掌握足够多的"信息"。熟人关系网提供不了无限的信息，很难帮你搞到一些关键的电话号码。比如最简单的求职，你和你的亲友绞尽脑汁，也找不到阿里巴巴人力资源部主管的私人电话，对吗？你所有强关系的通讯录中都没有这个号码，网上也没有公开的信息。你有几个月的时间都在思考，这是一个比登天难的目标，因为你的熟人中没有一个人能和阿里巴巴扯上关系。但是突然有一天，你发现自己的某个微博好友——你们每年的联系都不超过五次——发了一张照片，是他和那位主管的私人合影。

于是，问题解决了。

有很多事情最后都会发展到"从强联系跳向弱联系"并最终得以解决的局面——苦心经营的熟人关系网爱莫能助，但平时未用心关注的陌生人或者很一般的关系解决了你的问题。类似的事情每个人都经历过，并且每天都在发生。比如你在新浪微博的好友，就是典型的弱关系，这个平台上的人，你认识多少？有多少进行过深度交流？几乎99%的人都会不假思索地回答："没怎么交流过！"但实际上，很多时候他们提供了熟人无法提供的机会，甚至包括一个重要的电话。

从这一点来看，强关系的本质是基于现实生活的情感联系，再加上生活内容的分享；而弱关系则更多的是一种价值与信息的输出平台。弱关系的平台越广，你获取信息的能力就越强。

为什么孤陋寡闻的偏偏是你

深圳的A君为某公司奉献了七年光阴，任劳任怨。最近公司突然出现严重的财务问题，从有征兆到破产不到半个月，A君也失业了。让他感到奇怪的是，许多同事似乎早就得到了消息，不少人提前三个月就跳槽了，只有他傻乎乎地埋头干活，对此一无所知。

听听那些早早离开的人怎么说：

"我听银行的人说公司的贷款快还不上了。"

"我认识一个人，他对公司的内情十分清楚。"

"我同学的一个朋友无意中提醒了我。"

"我有个微信好友恰好是客户公司总裁办的人，从他那里得到的信息。"

这些"关键提醒"均来自不是太熟的关系，A君在这方面则没有消息来源。他说："我的社交网歌舞升平，信息大同小异。每次谈及工作，我的同事、亲友都在说公司好的一面，没有真实的信息源。而我是一个社交比较封闭的人，我不太喜欢跟陌生人交流，也不太相信他们，因此即使有人在数月前进行了提醒，我也没在意。"

强关系让我们变得孤陋寡闻。因为很多人愿意去跟陌生人倾诉，但跟熟人却很难做到。我们会把掌握的一些有价值的信息分享给陌生人，或者那些不太熟的关系。最有价值的秘密往往不告诉熟人，这是人际关系的一种常见现象。我们对身边的人很警惕，生怕他们知道一些秘密。所以，生活在熟人关系网中的人虽然很快乐，但他的眼睛和耳朵却被遮蔽了。

在这种情况下，不注重开发弱关系的人等于主动把自己关在了信息通道的门外。就像A君，他是一个忠诚的好人，但他未必能获得及时的帮助。

谁给你的信息最重要

对公司的情况进行不定期评价时，A君从强关系那里得到的信息为何偏离了真相呢？我们从心理上乐于接收和分享强关系的信息，但它所提供的价值却并不如微不足道的弱关系。A君没有得到预警，他的同事却从某些人的口中听到了风声。

想想看，现实中你是通过什么渠道得到"新知识"的？

在各种社交媒体上，我们经常阅读和转发来自不同人的推荐信息，你认为是亲密好友的推荐更有用，还是弱关系的推荐更有用呢？

在需要做出重要决定时，你更信赖熟人的意见和建议，还是一个弱关系的陌生信息呢？

2012年，Facebook的一个团队针对这个问题做了一次调查。研究人员先分析了人们跟不同关系之间的联系强弱。比如人们在社交平台上经常互相引用、转发和评论对方的信息的频率：如果频繁联系，就是强关系，否则就是弱关系。调查团队统计了人们在Facebook上分享的那些消息，得出了结论：人们更相信、更乐意转发强关系分享的信息。

调查发起人总结说："在任何一件事上，人们都亲疏有别。统计发现，如果强关系发给人们一条信息，被转发的概率大约是弱关系发过来的信息的两倍。这是因为，强关系之间本来就有相似的兴趣。人们出于相近的价值观、兴趣和职业才彼此走得很近，成为熟人关系网中的一员。"

也就是说，物以类聚，人以群分。人们在生活中更依赖于强关系提供的信息，这个局面的形成是基于"志趣相投"的本性。但是，这也让人们的社交网变成了一个个孤岛。由于共同的兴趣和思维方式，强关系告诉你的信息，你自己也可以看到；但弱关系提供的有用信息，如果他没告诉你或者你毫不在意，你就发现不了。

关系不是生产力，信息才是

研究者发现：人们在工作和生活中已严重误解了关系的本质。例如，多数人努力扩充通讯录，记下更多人的电话，增加人际关系库的数量，把越来越多的人变成熟人，但他们并未从中受益，反而空耗精力。

这是为什么呢？

原因在于：关系并非决定我们未来的核心元素，关系所传达的信息才是。一个人的人际关系丰富，朋友遍天下，只能说明他是一个人缘很好的人，他未必可以从庞大的人际关系中获得更高价值的信息。简而言之，朋友的数量多，不代表可以提供的帮助也多。

深谙关系本质的人都会把大多数工作时间花在与弱关系打交道上。他们拥有一套独立的对于关系的判断原则——关系不是一场数量游戏，而是一个和信息有关的系统。我们拓展人际关系的目的不是多交朋友，而是获得更有帮助的信息。

所以，强关系虽然稳定和牢固，是我们的人际基础，但强关系之外的弱关系可能拥有一些稀缺信息。在信息的获取方面，弱关系拥有更高的传播效率，以及更多元的信息渠道。

社交网的关键是信息质量

不论社交网有多大，你都会无奈地发现：自己与亲朋好友之间的交流仍会局限在一个很小的范围内。你对这个很小的范围了如指掌，但在这个范围之外，你仍然感到相对陌生。我们对社交的管理精力有限，大脑本能地优先处理一个大小固定的区域，从中挑选、加工信息并做出反馈。

凡是强关系为我们提供的信息，你会看到它大多数时候总是重叠和陈旧的。比如某一天中午，邻居李先生兴高采烈地跑到你的家中说："知道吗，我们这栋楼昨天来了一个新邻居！"他并不清楚，这个消息你在昨天已经从另一个邻居赵先生的口中得知了。你的一位朋友兴奋地打电话告诉你，北京居住证制度进行了改革，申请流程大为简化。但你已经在半小时前听自己的另一位朋友或亲戚讲过了。这就是强关系所特有的"信息重叠"。

我们与强关系待在一个共同的社交网里，信息大多数是互通的。朋友、邻居和亲戚所知道的，你八成也知道，或者有类似的渠道可以搞到这些信息。由此，强关系的数量便不再是决定信息质量的关键因素，反而会经常产生过多的赘余信息，占用你大量的时间和精力。所以有人才说："我的交际范围越来越广，可除了让我越来越累，耗费我大把的时间，对我没什么帮助！"

提升社交网所能给予的信息质量，是我们改善社交的关键，也是最主要的目标。与强关系相比，从弱关系——不常联系或从不联系的边缘关系——那里获得的信息往往是最新鲜的、从未听说过的，且是至关重要的领域和稀缺资源。这些信息的价值更大，会给我们带来更好的知识与经验的扩充。

总的来说：

第一，强关系加固了社交网内部的信息流通，弱关系则构建起我们与外界沟通的桥梁。

第二，弱关系可能掌握了很多我们并不了解的情况，尤其是能与我们共享其他社交网的信息。

第三，不同的信息通过弱关系传递给不同社交网的人，实现信息的流通与分享。

弱关系有多广，你的舞台就有多大

弱关系在低调地为我们提供更高的价值，但有时你可能走错了方向，没有意识到是哪一种关系在决定事情的结果。有调查显示，那些由弱关系构成自己主要信息网络的人或公司，他们的创新能力和发展空间是那些指望强关系的人或公司的两倍甚至更多。弱关系连通了广阔的世界，充分实现了六度人际关系理论的预言，从全世界的不同地方和不同的人身上获得信息的收益。

可以说，你的弱关系有多广，舞台就有多大。这就是和好朋友、亲戚等开公司往往更加艰难，而和陌生人合伙则有更大的发展机遇的原因。因为一个陌生人带来的，是相对于你的比较丰富的弱关系，你们可以获得各自信息的共享，实现"1+1 > 2"的效果。

遇见困难时，弱关系也比强关系能提供更多的帮助。比如，互联网平台的微博、QQ、论坛等社交工具都是一个"弱关系社区"，每个社区中都有大量的互相不熟悉的陌生人，彼此间的身份只是单纯的网友，来自不同的城市、省份甚至国家，现实中没有见过面。当你需要帮助时——意见咨询或经济求助，通常会得到很多回复，人们给你出主意，或者解囊相助。

"这是生活中的熟人办不到的。"北京的小尹说。他远离家乡在北京做生意，是一位年轻的创业者。"生意起步时，我缺二十万资金。银行贷款条件不够，家人和亲戚都没钱，大家聚在一起商议，拿不出好主意。后来我在一个聊天群说了这事，有一位经常聊天的朋友为我介绍了另一个人，他是一家投资机构的经理，我用自己的商业计划融到了这笔钱。"

弱关系为他解决了大问题。重要的是，弱关系拓宽了他的视野，让他迈进了一个全新的世界，认识了更多的优质朋友。

"陌生人"等于更丰富的信息。如果每一个陌生人都热心给予你帮助，分享有效的信息给你，你会接触到许多专业的人士。比如，种类繁多的电影正在上映，该去看哪一部？除了朋友的推荐外，可以去阅读微信、豆瓣之类的公共平台上的评论，找到自己需要的信息。你随时能看到知名媒体人的影评，也能与他们沟通，最后做出判断。你也能通过弱关系链接到金融专业，解决企业所需资金，或听取专业的意见。在这些我们所不熟悉的人给出的建议与讨论中，能够及时填补知识漏洞，使问题迎刃而解。

"抬头不见低头见"的关系等于"信息匮乏"。我们和亲人、密友等抬头不见低头见，但我们并没有意识到，在许多领域内，他们无法提供具有促进作用的信息。只见过几面的陌生人反而打开了一扇全新世界的窗口，带来新鲜的信息。所以要认识到，联系人的数量不是生产力，联系人提供的信息才是。要聪明地从弱关系里汲取营养，利用庞大的弱关系作为信息平台，既为自己的生活、事业寻找好的机会，又能向外传播自己的价值，进而走向成功。

弱关系的本质

和强关系比起来，"弱关系"的能量是巨大的，它链接着外面的无限世界，具备无限的可能性，聚合起来的作用经常超过强关系，特别是会带来一些我们并不知道的信息，帮你创造"意外之喜"。

例如，小周是一名年薪八万的工薪族，他的社交网比较固定，有七八个好友，每周都有交流。这是他的强关系网，他们互相提供直接有效的帮助。但是突然有一天，小周的公司遇到了经济危机，裁员三分之一。他失业了，需要一份新工作。他对未来有了更高的追求，希望找一份年薪十万以上的工作。因为他工作经验丰富，是这个行业内的稀缺人才。这时小周发现，所有的好友都无法解决问题。他们能提供的机会，都是和小周的上一份工作相仿的，没有与他的需求相匹配的信息，这就导致了他不能获得有效的帮助。

小周无奈之下只好另想办法。他联系了一位老同学——他们虽同在一个微信群，但有三年没联系了，他听说这位老同学如今混得风生水起，就试着找他碰碰运气。老同学说："这好办，我认识一个猎头，让他帮你。"就这样，老同学把他的简历递给一家猎头公司的人，不到一周就为小周联系到了一家薪资水平令他满意的新公司。

在一个稳定但小范围的社交网里，我们有时很难跳出社交网的固有限制——能够交流分享的信息是有限的。但是通过弱关系，就可以链接到其他社交网，那里存在无数的可能性。比如，当你为自己所在的行业建立一个弱关系平台后，就能随时从上面找到工作问题的有效答案，解决任何一种工作难题，提升职业技能与职业价值。这不是我们的强关系可以办得到的。

互相分享有效信息

像论坛、QQ群、微信群等社交平台，都是弱关系的一种。这样的平台总是有很多人，他们来自各个行业。人们互相分享信息，解决各自的难题。重要的是，通过这些平台，我们能学习、了解以前从不知道的东西，涉足陌生的领域，增长见识。

当你提出一个难题求解的时候，能得到几十个甚至几百个回复，形成持续的高质量的讨论。其中一些回复是从远程的、资深且专业的人那里得到的，这比从熟人那获得的消息更有效。在与人们的分享和交流中，我们开阔了思路，解决了现实中的种种问题。

链接到更优秀的人

生活中有很多"聪明人"，他们做什么似乎都是一帆风顺的。在你看来非常困难的事情，他们轻松就解决了。聪明人一定有广泛的人际关系吗？答案是"未必"。以熟人为主的人际关系质量，并不能让一个人变聪明。决定我们水平的也不是强关系本身的水平，而是我们自己的视野与学习的态度。

那么，这些聪明人是如何对待社交的呢？他们的重心全放在了熟人身上吗？当然不是。聪明人知道信息分享的重要性——及时了解最新的信息，才能保证自己不落于人后。因此，真正聪明的人会将眼光放到固有的关系网之外，他们不拒绝向优秀的人学习，而是努力从有可能接触到的所有关系那里了解这个世界，以正面的态度对待弱关系。

弱关系可以帮你链接到更优秀的人，就像小周，他通过老同学认识了此前非常陌生的职业猎头，改变了自己的职业生涯。在固有的强关系的边缘处，隐藏着大量的弱关系，他们中的很多人都具备这种能力。除非你刻意地忽视，否则总能为你打开另一个社交网的大门，传递优质的信息。

弱关系是最佳信息传播途径

一个你平时可能尚未思考的问题是，"好朋友"是如何影响我们在网上看见和阅读的信息，以及了解工作机遇的？你生活中90%以上的信息是通过什么渠道获知的？

对这两个问题，我在北京做了一个小范围的调查，参与者是年收入8万～20万之间的白领群体。他们大多在大望路、中关村等商业中心工作，善于使用互联网社交工具，具有开放的社交心态。在调查中，我先请他们定义自己的朋友范围：

——朋友是每周乃至每天定期联络的关系？

——朋友是给予你90%信息的群体？

——朋友是最让你信任的信息提供者吗？

在这些问题的答复中，我发现大部分人的理解是自相矛盾的。一方面，人们在获取信息更信任关系亲密的"好朋友"，对熟人介绍的东西倾向于毫不怀疑地接受；另一方面，他们通过社交网络与成百上千的好友联系，生活和工作中接收的90%以上的信息均非来自身边的密友，而是不怎么熟悉的联系人。

也就是说，互联网的大范围应用从根本上改变了用户获取信息的方式，信息技术的发展让弱关系在悄无声息中走上了前台，成为都市白领群体（使用互联网社交最广泛的人群）主要的信息获取渠道。对此，人们甚至并未察觉，原来弱关系已经承担了自己生活中大多数的信息传播。

互联网上的社交行为就像是一间带有信息发送装置的回音室，我们与志同道合的联系人在这里消费和共享信息，并促使信息以多样性的方式进行中转和传播。外面的任何信息都可以进来，里面的任何信息都可以出去。这与线下的熟人关系网的信息交流是完全不同的景象。

与此同时我们也会发现，大多数的信息来自人们不经常互动的联系人，有一些甚至仅联系过一次，但这仅有的一次联系往往价值不菲。比如，一次私信给你带来了未来一个季度的业务，或者给你的招聘增加了一个人才。虽然我们会消费和分享经常互动的联系人发布的信息(像聚会的照片等)，但远距离的联系人带来的是新的信息，它们指向未来，而不是重温过去。

这些研究均表明：

第一，以互联网为平台的社交网络成为弱关系强大的链接媒介。在媒介作用下，我们通过弱关系分享新思路、创造新产品以及讨论新问题，形成巨大的涟漪效应。这是强关系所无法做到的。

第二，弱关系通过分享新的信息，为我们创造更好的未来。开拓弱关系，本质不是构建人际关系，而是帮助我们获取"强信息"，加快不同观点的传播和碰撞，对我们的成长是有益的。

弱关系是信息传播的主要路径

为了做成某单生意，我有时要拜托许多熟人打听客户的情况。比如，客户上一次对该产品的购买记录是几月份的？客户公司现在是否有更换产品供应商的计划？这些内部信息不容易搞到，除了拜托与客户有合作关系的熟人打探，还有必要聘请专业的市场调查公司。这通常需要花费不菲的金钱。

但不可思议的是，最后帮我做成这件事的是客户公司接待处的一个门卫，最初的信息就是从他那里传出来的。门卫碰巧去到客户公司总经理的办公室，又非常及时地看到了一些关键的信息。

就是这么简单！你所需要的价值巨大的东西，它未必就是从你最信任的人那里得来的，而是来自微不足道的弱关系。在信息的传播中，弱关系不仅起到了主要路径的作用，而且直接获取的成本是如此低廉。

生意场上的信息战已经变成一场对弱关系的开拓战争。在我们现实的生活中，弱关系何尝不是信息的主要载体？社交网络上的强关系传播一直都不是很有效——虽然多数人还没发现这一点，人们的分享精神并不是很优秀，最后获得"希望获得的信息"的途径总是经由自己的"弱关系图谱"。不管是谁告诉了你一个消息，它的源头均来自一个你不认识或不熟悉的人。

弱关系进行信息传播的特征是什么？

它不是点对点的单向关系，而是网格化的衍射传播。这是弱关系传播和强关系传播之间的根本区别。强关系的信息传播是点对点的，由一个人对另一个人，就像一辆汽车在路上行驶，驶过一个收费站，再驶向另一个收费站。一辆汽车绝对无法同时出现在不同的路口，向四面八方出发。但弱关系的传播却可以做到，它可以由一辆车开始，但当它开过一个收费站时，你会发现它已经变成了两辆车；每经过一个收费站，汽车的数量就会翻一倍，并且方向是没有限制的，呈现出由一个点向四方扩散的涟漪形态。因此，精于病毒式营销的商家才利用这种传播模式让自己的产品一夜间火遍全国。

它没有改变信息传播的本质，但加快了信息传播的速度和范围。我们在研究"占领华尔街运动"的信息传播过程时发现，除了早期的1～2个信息源外，整个传播过程都是"去中心化"的。去中心化的实质是将每一个传播节点都作为一个中心，每一个中心都会向四面八方扩散信息，使信息的传播范围和影响力成倍扩大，达到一种指数及的裂变效应。它当然没有改变信息传播的本质，但它增强了单个节点的影响范围，使每一个节点都变成了一个新的信息扩散源。

弱关系的1%法则

为何我们未来的信息通道主要依靠弱关系？因为弱关系的1%法则。在这一法则中，信息的传播已经变得极为高效，1%的用户在制造内容，10%的用户则传播内容，剩下89%的用户可以轻松地享受内容。这一法则使我们从强关系的"互相义务"中解脱出来，利用这个由弱关系构成的平行分布型的信息网络来快速获取信息。

在这种情况下，为了得到一个答案、获得一个机会，你不再需要拿起电话打给密友，而是打开窗户，让外面的信息飘进来。你只要在五花八门的信息中找到自己需要的就可以了。我们自己也成为一个弱关系节点，这个过程中没有强制的义务，只有主动分享的乐趣，就像微信公众号流行的转发行为一样。你的举手之劳也会换来别人转发你的信息，何乐而不为？

思考：弱关系的三大优势

我们也可以将弱关系定义为"泛社交"的一种。"泛社交"是什么？每个人都有许多泛泛之交——同事、网友、有一面之缘的陌生人等。在情感层面，这些关系不值一提，但我们每天却有三分之一以上的时间与这些泛泛之交共同度过，至少是花费了不少时间在上面，而和熟人的交往时间可能不到五分之一。那些重要的熟人或亲人，你可能每年只在重要节日时才能与其同聚。

·与熟人相比，"泛社交"指那些在情感上"可有可无"的关系。数量多，但情感的重要性很低。

·对于这种关系的大多数，我们没有他们的电话号码，只有一个微信号或QQ号，只会在寂寞无聊、打发时间时才有兴趣与之交流。

·以"泛社交"为代表的弱关系存在于我们社交网的边缘，却决定着我们的命运。可多数人没有意识到这一点。

在本质上，他们属于一种临时性的社交关系。不需要写进通讯录，不需要在节日时送上祝福，我们甚至会忘掉他们的名字。但这样的关系却更容易打开彼此的心扉，互相提供有效的支持。在重要性上，弱关系有着强关系不具备的优势。

·强关系仅能以"一对一"的方式获取信息。在熟人关系网求人办事，获得信息支持，方式总是"一对一"的。你要挨个打电话、询问，重要的事情还需要提着礼物登门拜访。为了求得一个工作机会、打听一件事或者借钱等重要的需求，你每次只能联系一个人，不可能一开始就在熟人关系网里广而告之。这种"一对一"的方式使我们解决问题的时间要长，效果也没有保证。

·弱关系可以用"一对多"及"多对多"的方式扩大自己的人际关系。但在弱关系网，就不存在只能"一对一"的麻烦，而是可以"一对多"并且实现"多对多"的沟通、分享和求助模式。例如，你可以在微博发布消息，有相关资讯或渠道的人看到后就会找你；你也可以在群组向多个人求助，组织即时的多人间的沟通。在弱关系网不存在熟人间的"面子问题"，求助是理所当然的，而你也能因此得到其他社交网的资源。

在北京工作刚两年的徐小姐说："有时候我想知道中关村附近哪儿有比较大的超市，网上也许没有这方面的详细信息，我也不可能打电话给熟悉的朋友，他们在通州、朝阳或大兴，爱莫能助。在通讯录上，我不知道该问谁，但我可以在QQ群或微信群中得到答案。有人或许就住在附近，恰好经常去某家大型超市。"

"一对多"或"多对多"的信息分享模式把我们的时间拨快了，大部分的问题都可以即时解决，或者在几分钟内就找到答案。与强关系的封闭不同的是，弱关系的信息是开放的，也是多元的，它相当于一部自动更新的信息存储芯片——通过它，你能链接整个世界。

·弱关系的强价值，体现为"可以无限链接的强网络"。假如你的社交方式是这样的：

有一个类似"群组"的工具管理弱关系。

群组本身具有行业、地点等特性，对自己的弱关系进行详细的分类。

群组是公共的，任何人都可以加入进来，分享的信息也没有限制。

那么，这个关系网就实现了无限制的链接。你可以建一个职业讨论群组，所有和你从事同一行业的人都能加入进来；你也可以建一个情感讨论群，任何有情感问题的普通人、专家都能在一个平台上讨论……诸如此类，它构成了一个特殊的社交网络，即：

·人们彼此之间不是熟人。

·人们无偿或有偿地分享信息。

·人们将各自熟人关系网的资源对接到一起，进行需求的交换。

这个网络的本质就是基于弱关系的，并且具有一些真正的用途。它使我们拥有了一个信息的强传播平台，是开放的而非封闭的，是即时的且不需等待的。我们将在其中寻得好运，并在理论上获得与世界上的任何一个人沟通的机会。

第四章

把"不熟悉的人"吸引过来

主动联络别人，才会被联络

社会渐渐地变得开放与多元，我们交朋友的机会增加了，方式也开始多种多样，效率与过去相比大大增加，但人们反而在社交中出现了一些新的坏习惯，比如不信任和冷漠。由于对陌生人的不信任，许多人从不主动联络熟人关系网之外的关系，哪怕工作有需要，他们也会三缄其口，或封闭心门，极少能做到坦诚交流。

还有些人则属于思想观念的问题。他们觉得，在社交网以外的弱关系上面投入过多精力是不值当的，回报前景也不明朗。因为弱关系具有链接松散、维持时间短的特点——大多只是一面之缘，或只短暂合作一两次，没有长久联系的必要，自然不如投资强关系划算。因为强关系的维系时间长，大多是自己的亲朋好友，是需要定期联络、聚会加深感情的。在传统观念中，主动加强对熟人关系网的投资才是正确的。这一认识在人们的观念中不可动摇。

但是，如果不改变这样的观念，未来你就很难真正有效地开发弱关系，你还是只能活在一个狭窄的熟人关系网中，无法适应这个新的时代。改变观念的第一步，就是让自己变得主动起来。要主动走出家门，跳出熟人关系网，重新审视自己与陌生人之间的关系，看看过去自己对待这个世界的态度哪儿出了问题，然后问自己：

"我是不是对这个世界太冷漠了？"

"我应该怎么做，才能得到人们的热情回应？"

有一个名叫迈克的纽约人，他每个月一领到薪水，都会先买三双手套，并且保存起来。他自己不戴，一直保存到寒冷的冬天来临，就把这些手套拿到大街上，沿途发给那些没有手套的行人。他和这些行人素昧平生，互不相识，但他挨个分发，并不因为他们的长相、性别或年龄而区别对待。

收到他惠赠的人都很惊讶："我需要付你多少钱？"

"哦，不要钱，和我握握手就行了。"

迈克的收入不高，但他坚持每个冬天都这么做。他的善行很快传遍整座城市，以至于从美国东部传到了西部地区。之后，每年都有人寄来手套，请他帮忙分赠给街上没有戴手套的人。迈克的这个举动，给冷漠的纽约带来了无限温暖。他成为关注度极高的公众人物，进而人们都希望了解他的故事。

这个小伙子经历了什么，才会有如此让人尊敬的善心？后来人们了解到，迈克从小在经济大萧条的环境中长大，家庭穷困，到下雪的冬天根本就没有手套可戴，常常裸露着双手出门，尝尽了冻手的痛苦。因此，他的父亲曾经教导他："孩子，你永远不要使自己失去施爱的乐趣。"

"施爱"的行为便是一种"种因结果"：我们收获了什么，取决于付出了什么。我们过去的经历，是今天行为的依据；而我们明天的收获，则是由今天的付出决定的。迈克主动地向陌生人表达善意，用实际的行动表达自己对他人的关怀，体现了他高贵的品格，最后他也收获了善报——成为全美人人称颂的人。

主动施与，种因结果

对和自己没什么关系的人主动施与，提供帮助，是一种常规而有效的社交策略——重要的是不仅要视之为策略，更要将施与作为自己的本性，让更多人感受到自己内心的善。既然世界的"恶"是你无法回避的，为何不用自己的"善"带给人们更多的温暖呢？主动施与可以让你成为黑暗夜空中一颗明亮的星星，让人们都看到并惊讶于你的光芒。这就是一个人最大的吸引力，也是一个人成为社交核心并让人瞩目的高贵的人格魅力。在今天的丛林世界和互联网时代，多数人都在过度地保护自己，而"善"已经成为一种稀缺的品德。若你能经常表现出这样的优点，将从社交中受益无穷，愿意回馈你的人会非常多，会大大地突破你的熟人关系网。

澳大利亚有一位曾经患口腔癌的妇女，做了几次大手术才摆脱了病痛的折磨，但她不知余下的生命还有几年，因为复发的可能性很大。历经这次苦难，她立志要帮助别人。有一次，这位妇女在公交车上遇到了一个被毁容的女孩，于是主动上去打招呼，询问她的情况，陪着她到处寻找医生、治疗，鼓励她忘掉被伤害的痛苦，重新开始生活。

在她的努力下，这个女孩走出了伤痛，两个人成为无话不说的好朋友。从这样的行为中，她收获良多。因为帮助他人战胜各种各样的困难，她自己也由此愈加坚强，最后，她自己的身上也发生了奇迹——多年以后，在不知不觉间，她发现自己已经痊愈了，完全消除了癌症复发的可能性。

在公交车上，你有没有主动地给老弱妇孺让座？

在请人维修卫生间、厨房设备时，你有没有主动倒一杯热茶给师傅？

在拥堵的十字路口，你有没有主动礼让对面的来车？

在亮起绿灯的斑马线，你有没有热心地扶一位老人过马路？

在浏览微博或论坛信息时，你有没有主动联系那些遇到问题的求助者，提供你知道的信息？

这些行为可以表现出你的爱心，属于主动而积极的联络，能为你树立正面、健康的形象。一个小的举动，就会让社会更温馨，让你自己更愉快，并让你多了一个或几个弱链接，扩大了自己与这个世界的接触面。

抓住每一个主动展示善意的机会

现在开始想一想：我们可以在哪些方面表达自己的善意，并把善意和爱心在公众面前展示出来呢？如果有机会，我们该如何实践？

有很多事情可以做，比如：

·公开捐赠一笔善款给慈善组织，但不要刻意地隐藏或炫耀此行为，要让人们自然而然地发现。

·受到别人的帮助时，不管是精神的鼓励、信息的分享还是物质的支持，不要忘了送给对方一个小礼物，表示你的谢意。

·无偿地分享信息、出出主意，捐献一些钱给那些走投无路或急需指引的人，现在流行的众筹就是一种通过开发弱关系资源进行的商业筹款。

·点赞与转发是举手之劳，这可以表示自己的善意，引起对方的关注。

·主动与陌生人交谈，比如在书店遇到大雨，在公交车站、地铁上发现合适的时机，都是留下联系方式并建立弱链接的好机会。

·同在一个社区内，主动做一些分外之事，比如清理楼道卫生等。

……

生活和工作中处处都有展示善意的机会。当你能纠正过去的观念，肯拿出实际的行动时，以往步步维艰的人际关系可能就会柳暗花明。

争取关注，提供关注，传达关注

在《超级关系》一书中，作者也为我们分析了能够促成弱链接发生的一些特质：

· 第一印象特别重要。我们与弱关系只有稀少的接触机会，因此第一印象极为重要。人们判断一个陌生人是否可靠，往往就依赖第一眼来做出判断，不会再给对方更多的时间。人们愿意在熟人身上花费相当长的时间来判断意图，给他第二次、第三次机会，但不会给一个无足轻重的人哪怕多一秒钟。所以，弱关系的社交网是一个对初始印象非常重视的社交网。

· 高度的信任是基础。因为我们和弱关系缺乏长时间的接触，因此人和人必须建立在高度的信任感与和谐上。如果信任不能建立，对方就无法进入自己的社交网。同样，没有信任的弱关系，你不会相信他提供的信息。

从这两点中我们的总结是，在陌生人面前或在互联网平台不自觉地发表过激言论将损害自己与别人建立弱链接的机会。第一，你没有留下良好的第一印象；第二，你无法赢得人们的信任。需要强调的是，第一印象的提升来自我们的好奇心、自身素养和对社交的重视程度，以及一颗不功利的心。就是说，即使没有外在的动机与利益，你仍然愿意采取行动把人们链接起来，这会帮你赢取极大的信任，以你为中心建立一个高质量的弱关系社交网。

哈佛大学的一位心理学专家说："好友，关注，收听，转发……这就是我们的网络关系，是互联网社交的基本图谱。无论如何，你只要有一部能上网的手机，注册了Twitter账号，仿佛一夜之间就'被社交'了。接下来你要做的就是提升关注度，去关注别人，也让别人关注你。关注是人类情感的心理基础，关注产生友情，产生爱情，产生信任；关注满足虚荣心，换取实质利益。"

那么，如何才能提升我们的"被关注度"？

经营好弱关系，我们都需要具备在熟人关系网中并不重要的三种力量：争取、提供和传达。我们不仅要争取关注，提供关注，还要传达关注，成为人际关系和稀缺信息的中转站。当你具有了信息中转站的能力后，各种各样的关系就会自己找上门来，你的"被关注度"将水涨船高，使你处于社交中心的优势位置。

争取关注，你要全面地展示自己

在互联网社交的背景下，如何比往常更高效地展示自己？一个必要的策略是，我们要尽量将社交账号上的个人信息填写完整——微博、微信、Twitter 及 Facebook 等，包括头像、个人介绍、个人网站、工作、学历、优点和需求等。你要告诉人们自己"能做什么"和"需要什么"，这会取得更多人的信任，并让对你有兴趣的人快速找到你。

在今天的社交中，保持神秘可不是一件值得夸耀的事情。人们敬畏神秘，但不一定喜欢神秘。如果你不是马云、李彦宏、刘强东那样的人物，任何刻意的神秘包装都可能带来相反的效果。假如你的微信连头像都没有，多数人都会误以为这是一个僵尸账号。对弱关系来说，现实就是这么残酷——人们没有耐心和专注力分析你这个人的内涵，人们只会在两秒钟内做出一个最初同时也是最终的判断：

"这是个什么人，我要不要和他建立链接？"

有研究数据早就显示，一个设置有头像的网络社交账号平均拥有的联系人可以超过两百人。反之，没有头像的账号可能还不足五十人。

主动关注热点话题，而非自言自语

在你原创、分享或纯转发的信息中，有多少是毫无意义的口水或是自言自语？有位北大毕业的高才生现在有收入丰厚的工作，但他除了几个特别要好的朋友外，其他的联系人很少。"我在微信和微博上十分活跃，但几乎没有人主动关注我。有时我一天发三十个微博或在 QQ 空间更新二十条动态，竟然连一个转发、点赞、评论都没有。我就像被无视的空气，那种感觉是凄凉的。"

翻开他发送的内容，答案就在里面。在他每天发送与分享的信息中，有一半都是自己对即时心情的点评，就像一个个短篇的"心情日记"；另外有40%的信息是旅游、吃饭等缺乏热点性和新鲜性的内容，很难吸引人们的眼球；只有不到10%的信息是可能引发关注的，但他的内容缺乏自己的观点。看下来，我的第一印象是，他是一个生活无聊的人。

弱关系中一个明显的特点是，"被关注度"越高的人，他们在发言中谈论自己私事的内容就越少，而是能够聚焦一些热点问题，发表自己的见解。你可以看一下那些总是处在聚光灯下的"社交明星"，他们平时都在谈论什么话题呢？

·偶尔流露"真性情"是必要的，但大部分时间你应该戴着一张"面具"，不要让人看到你无聊、浮躁和空虚的一面。

·假如你想大幅度地增加"被关注度"，你应该把主要的精力投入热点话题和时事新闻中，参与讨论，发表见解，而不是将主要的时间浪费在对琐碎生活的唠叨。

传达关注，而不是"转发"

讨论的途径不仅仅是回复和转发。为了有力地传达关注，勇敢地表达自己的独一无二的意见是最好的策略。人们在Facebook的调查中发现，好友数量低于一千的人，他们发言时更喜欢用"回复"和"转发"的方式，缺乏自己原创的见解。

增加信息的原创性，能为我们带来更多的、更有质量的关注。这个趋势也适用于现实生活中。比如,当你在工作中非常擅长表达自己的思路时,同事和上司对你的关注度和依赖度都会升高——他们愿意找你解决问题,给你更大的发挥空间。相反,那些萧规曹随、没有主见、喜欢随声附和的人,在工作中经常只能作为一个受支配的小兵,从事技术含量很低的岗位。

成为一个关系网中的意见领袖,树立威信,是增加弱关系黏度的另一种途径。如果你能成为某一领域的发言人、专家、大师或公认的权威人士,当然会比普通人更受关注。具有这些身份的人对陌生人的吸引力是强大的,他们的弱关系资源也十分雄厚,因为稀缺资源能够主动找上门来。因此,假如你在某些领域有真知灼见,那么就用一种恰当的方式表达出来,这可以让你获得大量的关注。当然,在自己的简介中直接加入"专家""大师"之类的头衔,并不是一个聪明的做法。

最后的忠告是,不要成为关注和传达"负能量"的人。这样一个全身写满悲观符号的人,他争取不到关注,也无法提供和传达关注。人们会本能地远离他,避免受到他的感染,而你要避免扮演这样的角色。一个人充满激情才能感染周围的人,成为社交明星,并从弱关系中获得"强关注"。

是派对，更是社交

在哈佛大学中，因为还没进入职场，在校园内可支配充裕的自由时间，学生会花很多的时间在读书和做课程实验上。他们并不像外界想象中的"热衷于花天酒地的社交活动"，而是将有限的时间用于提升自己的实践能力。

有人说："不会社交，无法在哈佛大学生存。"因为哈佛学生们从早到晚都生活在一片喧闹中，不少人整天忙着竞选、了解新同学、参加各种俱乐部，但更多的人却在做超前的自学。他们对社交的理解并非吃吃喝喝、一起玩乐、交交朋友，而是将社交与自己感兴趣的研究、工作、社会实践和课外活动结合起来。在完成这些积累的同时，结交那些志同道合的人。

例如，哈佛大学所有教授的科研组几乎向每一名本科学生开放，这不仅是研究小组，还是提高交流能力的平台。以这个平台为中心，我们看到的是弱关系的延伸和搭建，它把来自世界各地的精英人才链接起来。假如你看到哪位教授从事的研究让你感兴趣，就可以向他打申请参与进去。当教授叫你去面试时，你的知识能力固然很重要，但他更看重的也许是你的交流能力——创造性地表达见解与团队沟通的能力。

还有极少数的人，像扎克伯格那样的富有想法的活跃分子，他们在大二时已经启动了自己的创业项目，正在没日没夜地打磨自己的产品雏形。对于社交派对，他们不屑一顾，因为这不是结交人际关系的最好方式。人际关系的本质是信息，而不是几个小时与某些陌生人端起酒杯肆意放松地玩乐。不是记住了几个名字、留了电话号码就叫关系，而是能从彼此的相识中收获有益的知识。

所以，为何美国的大学生走出校园后和社会的接轨往往都很不错，很快就能把自己的技能用到工作中去？因为他们对于社交的认知并不仅限于派对，大部分社交都是与课业、研究等密切相关的，这对我们中国的年轻人是很重要的启发。

"吃吃喝喝"的社交价值有限

社交生活绝不仅限于"吃吃喝喝"，单纯的吃喝只是构建了人际关系网，但社交的最高境界是建设一个高效与高价值的信息网。扎克伯格回忆说："我和朋友玩的时候很放松，但工作的时候很投入，我们经常为了一个技术应用的不同理解而争吵，也可以在争吵完之后确立一个明确的方向。有时候我和陌生人刚一见面就会吵起来，甚至忘了酒杯就在面前，完全可以先喝一杯再聊正事。"

在哈佛，扎克伯格主修的是心理学，但他疯狂地痴迷于电脑，被同学称为"程序神人"。当一些人去泡吧或参加其他形式的派对时，他独自在宿舍来回踱步，对于酒精和交友无动于衷。他的眉头紧锁，神情专注，思路飞速运转，想的不是有谁可以在晚上陪自己喝酒，而是如何解决眼下的一个技术问题——我该找谁讨论？

没错，这个想法也许才是弱链接的真谛！

在我多年来参加的社交活动上，大家都会玩得很开心，甚至出现一些疯狂的比赛，比如组队进行户外拓展训练，从上午十点到下午四点，我们把工作中的一切烦恼抛诸脑后。但是，人们聚在一起最重要的目的是分享彼此的行业经验和不同的经历，甚至获得一些自己以前从未接触过的理念，以及创新性的想法。我们并不把吃喝看得过于重要，尽管这些元素对社交来说不可或缺。

重要的是，社交让我们获得了很好的补充和启发。通过一次与形形色色的联系人的交往，你学到了什么，讨论出了哪些结果，有了哪些新的认识？这些是弱关系给予我们的宝贵价值。

重要的不是派对，是社交

· 你在派对结束后做了什么才是至关重要的部分。

· 我们聚会的目的是增加一些有意思的信息来源，而不是喂饱自己。

在一次聚会上，我曾经和热衷于时尚文化的珍妮女士畅聊彼此对于服装的看法。珍妮经常来往于纽约、巴黎和北京，她是一个思维敏捷、思路开阔的人。在那次聚会中，她只喝了半杯红酒，重心全都放到了互联网、文化与流行的话题上。

我抛出了问题："移动互联网是否可以改变时尚的消费方式呢？"

珍妮则希望人们回答："如何借助互联网的力量解决时尚资源的整合问题？"

当时，珍妮在纽约有一间设计工作室。她发现很多模特儿拥有满满一屋子的漂亮衣服，都是昂贵的定制款，但这些衣服往往只穿了一次就被处理掉了，是巨大的浪费。还有很多高消费的女孩为自己买了一堆奢侈的衣服，但只在少数的场合穿，而且穿过几次之后就不再喜欢，或者无法忍受反复地穿同样一件衣服，就把它们束之高阁，扔到一个不被关注的地方，变成了闲置资源。

她端着酒杯，看着天花板说："既然如此，为什么不能将这些衣服租出去呢？我们知道那些婚纱平时是可以租的，这些各式各样的漂亮衣服为什么不能同样租出去？"

"真是好想法，"我提醒道，"互联网是一个平台，谁都可以用。如果你能找到一些匹配的数据和推广技术，是不是可以快速地帮助人们在平台上找到合适自己的衣服？"

瞧，这的确是一次让人开心的谈话。珍妮从我这里得到了建议，她选择将时尚和互联网结合，开设了一家专供女性出租时尚衣服的网站。她鼓励人们把自己穿不着的衣服放在上面，然后以一定的价格租给需要这些衣服参加节日、出席重大场合甚至只是应对一场约会的人。通常，人们只需30美元就可租到一件售价2000美元的礼服。真是太划算了。

交流、分享和聆听

很显然，这是一个很好的例子。我们要参加一些聚会，但重要的不是聚会上的酒和蛋糕，而是社交的过程——你是否与别人做到深度的交流、分享和聆听？是否从中受益无穷？

这些年来，为了积极地拓展弱关系，我乐意跟不同行业、不同经历的人分享自己的想法，从他们那里获取反馈。我们要诚恳地与别人交换看法，聆听他们对你的想法的意见，不管是正面的肯定还是反面的批评。你会从中得到一些与熟人截然不同的意见，你会获得一面镜子，从里面看到那些原本没有显现的问题。

记住这三个词：

交流——必须要有主动交流的勇气。

分享——必须要有坦诚分享的态度。

聆听——必须要有耐心聆听的胸怀。

假如你一边参加社交聚会，一边用偏执与激烈的手段对待他人的"冒犯"，拒绝听取那些刺耳的建议，只因为他们不是你的朋友，那么你的人生不会有大的突破。要想为人生寻找到与众不同的突破口，就要勇于听取他人的建议，学会和他人交流。每个人都是一个特殊的信息源，那里埋藏着我们意想不到的东西。在广泛的交流中，只要你的信息通道没有关闭，无穷无尽的弱关系就能帮你孵化自己的美妙想法。关键是，你要善于从别人的经验和案例中捕捉到问题的核心，抓住那些最重要的信息，在辩论和求证中突破自己的瓶颈。

好奇心，直觉和个性

伴随着传统社交聚会的是拘谨和无措。传统的社交聚会是一种典型的强关系，这种以建立强关系为目的的社交总是要求人们做出某种妥协和牺牲。在这种社交中，我们要强颜欢笑，虚与委蛇，无法自由表达内心的想法，就像一束被硬塞进瓶子的植物。

有位女士这样形容社交场合的不自在："我害怕直视别人的眼睛，就像妖怪害怕看见照妖镜。"

"那为何还去？"

"是家族企业的聚会，父亲公司的许多重要客户都来了。在这种场合，说任何一个字都必须深思熟虑，整个人就是像一个木偶。几个小时下来，我对他们没有一点印象，一个人也没记住。"

如果一个聚会让你感到厌烦，意味着你将一无所获。我们需要在社交活动中充分地激发好奇心，展示个性，并用原生的直觉感觉每一个人，和那些互相欣赏的人建立链接，或者发现我们感兴趣的信息。

永远不要失去"好奇心"

调查显示，互联网时代的社交活动正越来越让人失去求知的兴趣。聊天是为了什么？是为了交换信息和沟通想法，但移动网络的普及使聊天发生了本质的改变。

有位教师说："过完三十五岁生日后，我意识到自己越来越令人讨厌，也让自己讨厌。因为我忽然变得不会聊天，也不想聊天了。我好像对社交丧失了全部的兴趣，对外面的一切都不再好奇。"

这位老师认为是年龄的增长导致了这一切，但实际上是由手机带来的。社交活动从以前的眼神、表情和嘴巴主导，变成了今天的"拇指行为"，人对社交的需求急剧退化，对陌生人的要求不再是"我们能互相给点什么"，仅仅是"陪我一起无聊"而已。在这种退化的状态中，我们失去了最宝贵的好奇心，这会让你丧失在弱链接中把握稀缺信息和机遇的能力。你看不到哪些人、哪些事情的出现对你是重大的利好。

现代人在社交中的坏现象：

沉浸于手机——无论在什么场合，人们都开始"机不离手"。不管是聊天、商业谈判还是参加聚会，手机都是被重点照顾的第一对象。人们沉浸于其中，忽视了自己的社交对象。如果有五分钟不让他看一眼手机，可能比杀了他还要难受。

心不在焉。"走神"是网络时代线下社交的主旋律。有的人一直微笑着盯着与他交流的人，时不时地点点头，其实一个字都没听进去。现代人在社交中的微笑是标准和程序化的，优雅得体，但互动的效果却远不如过去。我们缺乏深度交流，仅局限于点头之交，因此，人际关系再广，也很难有实质的收益——你的通讯录中仅仅是记下了一个名字和电话而已，对你来说，这没有任何其他价值。

装高冷。还有些人在社交中祭出"高冷大法"。比如，很多年轻人参加社交活动时戴着耳机，双手插在衣兜里，假装在听音乐，最后他们什么都没做成：既没听进你说的话，也没有享受到音乐。他们只是喜欢这么做而已，如果不是特别引人关注的朋友，他们不会有任何兴趣多聊几句。

漠不关心。对信息缺乏敏感性，即使有些重要的机会也白白错过，难以抓住。不投入感情的社交就像蜻蜓点水，虽然记下了联系人的电话号码，但内心并没有把它当回事，也许三十分钟后就不记得这回事了。

这些不良行为让社交变质了。在弱链接中，任何一个不带有诚意的细节都可能造成致命的打击。在抱怨自己没有机会、没有贵人相助时，你可以检查一下自己是否在社交中具有上述"恶习"。当你对这个世界没有好奇心时，世界也会对你关上大门。

大胆展示个性

你在社交中的一言一行，或许正被有心人看在眼里。构建强有力的社交网，需要你成为一个富有个性的人，赢取更多的关注度。这就是为什么一个好脾气的人不见得就有优秀的社交能力和丰富的弱关系，因为社交需要个性。人们关注有个性的人，并愿意了解他。所以，要大胆地展示自己的个性，体现出自己与众不同的一面。

人都是有多重性格的。例如，我们在面对父母、伴侣、同事、朋友和客户时，表现出来的个性（性格及人格等）总会有所不同。你会感觉到这一点，只要自己面对的关系发生变化，你的个性也会随之有一些"偏转"，根据对方的需求转换自己的"角色"。

在面对不同的人时，有时你甚至可以表现得判若两人，前后矛盾。这是再正常不过的事情。但从现在起，你要找到那个最真实的"自我"，统一地把它展现出来。出现在别人面前的每一个"自我"可能都是真实的，是你个性中的一面，但你要把这些"自我"加到一起，描绘出你这个人的"最终形态"。

别再畏畏缩缩地不敢表达自己的观点：把你内心真实的想法说出来，第一时间让对方知道，这强过拐弯抹角；不要考虑对方的面子，现代社会的节奏之快，人们还没有时间顾虑自己的面子。

别再为了附和对方而压制自己的个性：追求平等，你就获得平等；委曲求全，会让你最后竹篮打水一场空。不要在社交网附和别人，请让个性大胆地释放，用真实的自我赢取人们的尊重。

要相信，在很远的地方有你需要的东西

研究中我发现，一个人过了二十八岁就很难再交到新的好朋友。这是为什么呢？人生就像一条溪流，在二十八岁之前，我们的朋友如同许多条小溪与自己慢慢地汇聚，在一起向前的过程中融为一体。到了二十八岁左右的年纪时，达到了它固有的宽度。这时，新的小溪就很难

融进来，也就没有了新朋友的空间。

这就是熟人关系网的形成过程。每个人在二十八岁前都会形成一个独特的熟人关系网，别人难以进入。我们把那些与自己有共同的"成长经验"的人视为熟人、好友，和他们有革命友谊，有最高的信任度。我们在这个关系网里获取资讯，分享信息，眼睛逐渐向下看，而不是向前方看。生活和工作中遇到了问题，你习惯地打电话给家人、密友、伴侣、合作伙伴，他们都是熟人关系网中的一员。但在很多时候，他们只能给予你强烈的情感支持，却对问题本身无可奈何。

视野开阔的人这时懂得走出去，从外部世界寻找支援。要学会看远方，而不是盯着脚下。拓宽自己的视野，对传统社交网外面的人和事保持好奇心，不断地求知与探索，向遇到的每一个人谦虚求教。要相信，总有一些自己需要的东西就在自己尚未察觉的角落，在那些还没来得及打招呼的人手里。

认清自己的优势，广泛结交

什么是自己的优势？简单地说就是，我们对别人有用的地方。在这些领域内，我们可以做到别人不能做的事，这就是你的优势。一个人的成功并不是单纯偶然或必然的，虽然有时势的因素左右人的成败，有机遇的问题影响人的奋斗结果。但是很显然，有一点是确定无疑的：不论事业还是交友，人的内在质量总是占据更重要的地位。

找出你最擅长的事

·先弄清楚自己有多少本领。这就像打牌一样，在出牌之前，先看看自己的底牌，才能知道自己可以做什么，有没有胜算。你可以准备一张能力清单，在上面写下自己可以做的事情。比如专业知识、资金、形象、商业策划能力、管理能力等，任何一种你想得到并具备的本领都可以写下来。写到纸上，再给它们排序，使其一目了然。这就是你全部的本领。如果要玩那些别人玩得很好而自己一窍不通的游戏，也就是需要使用纸上找不到的本领，那么你注定会一败涂地。只有参与自己可以胜任的社交网，才能站得住脚，赢得人们的认可和关注。

·再从中找出最擅长的事情。将这些本领一一对比分析，从中确定一个自己最擅长的技能，或者说能力，然后持之以恒、乐此不疲地去把它做好。不必做得非常出色，只要在很长一段时间内，在这方面保持比其他人聪明一点就够了。拥有一个最擅长的技能，就能在该领域内得到人们的赞赏，赢得最大限度的关注。因为你是最能胜任的那一个人，所以大多数人都会过来找你，而不是去找别人。

郑女士是深圳某保险公司的资深经理人，同时也是二级心理咨询师，对经济和法律亦有很深的研究。所以，周围的人，无论客户、同事、亲戚、邻居、朋友，都主动并且积极地与她保持一定频率的联系。人们主动和她联系，为她介绍客户，帮她结交新的朋友。

为什么？因为"人们需要她"。

郑女士所拥有的技能和本领，可以帮别人解决很多重大问题。比如，小孩的教育保险、夫妻的理财、家庭矛盾的心理咨询、法律问题等，她都能尽心尽力且非常完美地为周围的人解决。这就是人们对她的需求，其支撑点就是她独特的能力。

我们也要深刻地明白硅谷知名风投家马克·安德森经常说的那句话："如果市场不存在，再聪明也没用。"延伸开来，也就是说，你所拥有的技能和本领必须是有人需要的。需要就是市场。如果没有这个市场，你的本领再大，可能也没人理会你。你多么努力地工作，热情地追求理想，这都无关紧要。重要的是，人们愿意受用你的服务，然后你才能成为一个广受欢迎的人。否则，你将陷入困境，在工作和社交场合都很可能没有任何天赋可言。

扩大你的优势

克林格说："为了获得源源不断的关系支持，拓展人际关系，提供价值是很重要的。但在这个基础上，一些小恩小惠也不可缺少。优秀的沟通技巧能够增进彼此之间的关系，比如主动提供必要的帮助而不是等对方开口相求，热情地解决对方面临的一些小问题，一起吃饭、聚会或者送礼物等，这些人性化的举动能让你融入对方的社交网，更快地享受对方的资源。"

华为公司的一名业务经理就是这么做的。他有很强的工作能力，是公司在华北地区市场部门的一名重要骨干，但他并不以此为傲，也没有因此而孤芳自赏。相反，他在与同事的相处中十分大方，该请客的时候就请客，同事总会在过生日时收到他送来的意外之喜。在平时的交流中，他也十分主动与热情，每个人都愿意跟他聊天。这位经理为自己创造了一个格外宽松的环境，很自然地放大了自己的能力优势。

第一，恰当的社交技巧能够迅速而直接地扩大我们的优势。有时候你要懂得如何把精力和金钱用到对的地方。有了卓越的能力，还要钻研怎样才能拉近双方的距离。一种错误的做法是仅仅依靠优秀的能力吸引别人的靠近，自己却什么都不做。在人际交往中，情感和心理因素所起的作用有时远远大于利益。"姜太公钓鱼"的被动战术已经被这个时代抛弃，因此不要再单方面地提供你的价值，而要掌握拉近距离的技巧，引导对方主动走近，节省时间。聪明的社交技巧可以起到加分的作用，再加以能力的互补，双方的关系才会平等而长久。

第二，提升自身的价值，让人们看到你的存在。为了得到更好的人际关系，拓展广阔的关系网，使自己成为社交平台的中心点，我们要不断提高自身的综合价值。要有一个核心优势，然后围绕这个优势，去提升其他方面的技能，增加闪光点。比如事业、兴趣爱好、生活、家庭、性格等，闪光点越多，受到的关注度就越高。最关键的是，要在这个过程中找准自身的定位，定位总是在决定我们的成败。定位找准了，用正确的策略强化我们的才能，人们就能看到你的存在。存在感越强，我们在某个层面就越是必不可少的。这样一来，就能吸引到足够的需求，越来越多的人就会和你建立链接。

组合"拼图碎片"，发挥"竞争力"

每一项能力就是一个碎片，你手中的所有碎片组合起来，拼成一张图，就是你所拥有的竞争力。

第一，良好的职业规划。规划是一种很稀缺的能力，尤其对自己职业的规划，决定了我们的追求、现实与拥有的资源之间互动的结果。简单地说，我们的规划需要实现理想、符合现实，同时又能很好地调配所拥有的资源。因此，我才将规划能力列在第一位。现实中我也发现，拥有良好职业规划能力的人，他的人际关系往往也是非常出色的。

第二，最重要的技能。热衷于追求自己最擅长的事情并不能让你自动获得竞争优势，因为这无法保证有人愿意帮你做成这件事，实现结交人际关系的意图。必须为自己培养一种最重要的技能，也就是我们的核心能力。毕竟，当有其他人和你做同样的事情时，你要拿出更好的表现来胜过对方，而不是屈居人后。无论是商业、工作还是情感中的竞争，一项核心能力都是不可缺少的部分，它代表了一个人在别人的心中所获得的真正评价。

第三，满足需求的能力。如果你的技能非常强大，但却根本就没有市场需求，或者说，面对找上门来的需求，你没有去满足它的能力，那么竞争力就无从谈起。所以，满足需求的能力也是必不可少的。我们也许不能满足所有的需求——哪怕50%也做不到，但至少应保证自己具有两到三项不同的本领。

第四，无与伦比的热情。仅仅是做自己感兴趣的事情或最拿手的工作也不会自动地带给你强大的竞争力或关注度，也不能保证你走向事业的成功。我认为起关键作用的，是你心中是否具备无与伦比的热情，并且在行动中体现出来。就算你的能力比别人差一点，但你比他们更有热情，结果会怎么样呢？事实是，在能力相差不大时，人们更喜欢热情的人。因为热情总是对人有天然的感染力。

第五，应变能力。最后，完全跟着规划走也不是永久的可行之策。当需求发生变化时，我们能否及时做出改变呢？应变能力是我们适应这个世界的利器，不管外界的需求是什么，除了让自己的兴趣和优势能得到发挥外，还要聪明而灵活地考虑到环境的变化，调整自己的策略，让自己能做不同的事情，并在社交中体现出来，否则你还是无法成为一个具有卓越竞争能力的人。

总的来说,我们在评估自身能力的各个碎片时要做到综合的考虑:

"我会什么"有时不是很重要,"我能为别人做什么"才是最关键的结果。

而且,由于"能力碎片"的形状和大小会随着时间、环境的变化而不断地发生改变,它既是由我们自己决定的,同时也取决于外界的需求和形势的发展。因此,评估工作需要定期和重复地进行。另外,不同的能力碎片组成拼图的方式也会发生变化,我们要对能力的组合进行适当的调整,以针对特定的领域来突出某一方面的能力。所以,要在事业和社交中建立竞争优势,我们就需要在每一个特定的环境中,都能将这些能力的碎片因地制宜地整合起来,展示不同的方面,吸引关注,与同样优秀的人各取所需,实现信息和资源交换。

所有的优势都具有局限性

马特·凯勒尔是基准资本公司的合伙人,在二十岁到三十岁的十年中,他先后在领英和Facebook的首席执行官身边做了六到七年的工作助理。马特拥有不亚于这些世界级企业总裁的能力,但他愿意在助理的职位上发挥作用,而且是这么长的时间。要知道,大多数有才干的人都希望尽早出人头地,很少有人能甘于屈就。但马特却不这么认为。他的观点是,如果你的能力很强却愿意做一名出彩的得力助手,那么竞争少的机会也会变得多起来。这意味着你用较强的能力选择了一个竞争压力小的山头，避免了自身的局限性，那么就会在这个位置上更突出地展示自己的能力，取得非凡的成就，建立有利的人际关系网。

事实也正是如此，马特在助理的职位上表现异常突出，同时取得了非凡的成就。这让他获得了不同于他人的职业背景——同等级的人并不具备这样的工作资历，马特因此迅速地脱颖而出，也达成了自己一直以来的目标：成为一流风投公司的合伙人。

我们所有的优势都有它的局限性。因此，任何时候都不要以为自己足够出色了，并盲目地认为这会帮助自己赢得关注，获取计划中的资源。人们会观察你，正如市场会以它独有的方式考察一个项目。为了最大化地突出自己的优势，你要学会选择一个竞争压力不是那么大的领域，然后把它当作自己的主场。在这样的一个舞台上，相比其他人，你很容易成为人们瞩目的中心人物。

如何成为人们瞩目的中心人物呢？

第一，你要时刻学习新的技能和积累新的资本。要想提高我们的竞争优势，在工作和社交中提供更有价值的信息，实现高质量的交换，最有用的方法就是学习新的技能来适应外界的要求。与此同时，丰富自己的经历也是一种明智之举，比如像马特一样，在自己已经具备总裁能力时仍然去为扎克伯格这样的卓越人物担任工作助理，给他的资历加上了辉煌的一笔，并且让他的固有优势得到了强化。人们关注这些有闪亮背景和特殊经历的人，而且愿意与他交流，成为很好的朋友。

第二，你要知道何时检查自己的定位，并更新自己的计划。这能帮你选择更合适的环境，避免一条道走到黑。检查定位是同样有效的方法，面对环境的变化，别太在意过去自己对人生许下多么忠贞的誓言——许多十年前的理想在今天都已经变得不合时宜了——要懂得在不同的阶段做不同的事，在不同的环境中制订有针对性的计划。当环境变化时，及时找到新的定位，让你的现有能力相比竞争者发挥更大的优势，更能满足人们的需求。比如，一名顶级的美国大学篮球运动员发现自己在国内打不上职业比赛时，就会选择去欧洲或亚洲的篮球队试训。通过采用这种方法，他们更改定位，制订新的计划，从而改变了自己的竞争环境，在一个竞争对手相对较弱的环境中使自己脱颖而出，获得更大的竞争优势。再比如说，如果你在一个名流俱乐部中没有存在感，就要考虑从里面退出来，去相对较差的社交俱乐部中寻找机会，哪怕你要推翻自己为之努力数载的计划。因为，只有在适合自己的环境中，才有机会让自己获得别人的注意，否则你只能默默无闻。

别高估金钱的作用

在社交中，"钱"的作用无处不在：请客吃饭需要花钱，朋友有难需要用钱，参加聚会也需要凑钱。但金钱是社交中的决定因素，并且在任何一件事中都能畅通无阻吗？显然不是。人们高估了金钱的作用，总误以为钱可以摆平一切，比如交到朋友、解决问题等。可事实是，那些轻视金钱的人反而比重视金钱、用钱开路的人交到了更多、更好的朋友。他们更受欢迎。

2014年4月份的一天下午，钟先生开着自己刚提出来没几天的新车去长途车站送客户。由于车技一般，又赶时间，他不小心擦碰到了停在旁边车位里的一辆银灰色的奔驰轿车。看着车身上一道长约20厘米的划痕，钟先生心生愧意，可又不知怎么联系车主。无奈之下，他傻乎乎地站在奔驰车的旁边等待车主，一等就是一个多小时。

后来，奔驰车主刘先生终于出现了，看到爱车被擦伤，当然十分心疼。但他一听钟先生为这件事等了自己这么久，而且在附近没有监控的情况下并没有一走了之，对此他又感动不已。于是，两个人当场互加了微信。钟先生现场赔给刘先生2000元。几天后，刘先生补完车漆，只花了1500元，就将剩下的500元给钟先生充了话费。

这两年多来，两个人的联系并不频繁，仅仅停留在简单的微信点赞和节日问候上，属于非常典型的弱关系。直到最近，刘先生准备装修自己新购买的一栋别墅。他心想，装修是一个花费巨大的工程，就怕被坑，找个人品好的装修老板比什么都重要。找谁呢？此时他突然想到了钟先生。他跟妻子讲了当年的擦车事件，妻子二话不说，也支持他的决定。夫妻俩便没有考虑其他的装修公司，直接将工程委托给了钟先生。

钟先生的装修公司并不大，刚成立时，由于付不起门面房的租金，只好在自己的家里办公。后来才搬到了城市广场，但是公司的面积仅有40平方米，加上他也只有六名员工。这个规模在装修行业内是极不起眼的，不要说跟知名的大公司比，就是跟小公司比起来，也只能算是末流。钟先生没钱打广告，也没有雇佣专门的业务员在外面推销。开业七年以来，他的公司全靠客户口口相传，积攒了良好的口碑，生意渐渐地红火起来。

并且，钟先生始终是一个热心肠的人，经常在网上发布一些装修小贴士，也多次给那些有困难的客户减免部分费用，这让他在业内获得了很好的名声，凡是与他合作的客户都对他称赞有加。正是因为他的这些品质，才在擦车事件发生后，给刘先生留下了极为深刻的印象。

钟先生感慨地说："当时在等刘先生期间，我的内心也很忐忑。事后一些朋友还觉得我傻，认为应该赶紧跑掉，反正别人又找不到我。可事实证明，为了省掉那些钱而跑掉，伤害的是自己的诚信，这比钱重要得多。"

从这个故事中我们可以看到，人与人之间除了金钱外，还有很多更贵重的东西。你越是在乎钱，就越急于耍小聪明，变得不那么脚踏实地和坦诚自信。这个时候，钱就从护身符变成了"皇帝的新衣"。相反，轻利重义的人则很容易得到人们的尊重。因为站在对方的角度来看，一个不唯利是图的人一定不会因为利益而出卖、坑害自己，这样的人才是值得信任的。

金钱不等于尊重

在人和人的关系中，钱能买来服务，但再多的钱也买不来"尊重"与"爱"。如果你希望仅凭自己的财力就建立好人际关系，获得高质量的关系，结果一定会让你大失所望。钱是社交的基础，但它不是社交的全部，而且也不是社交的"上层建筑"。

有一个富翁非常有钱，但他发现很少有人尊重他，这让他十分生气。于是他就拿着支票到街上"买尊重"。他觉得只要肯出钱，一定有人打心眼里尊重他，可他失望了。尽管来来往往的不少路人都收了他的钱，可他从对方的眼神中只看到了嘲笑，没有尊重。

于是他又问街边的一个乞丐："我给你100美元，你能否尊重我？"

乞丐接过钱，但是懒洋洋地回答："有钱是你的事，尊不尊重你则是我的事，这是强求不来的。"

富翁急了，拿出支票本："好吧，我将我财产的一半送给你，能不能请你尊重我呢？"

乞丐笑了笑:"给我一半财产,那我不是和你一样有钱了吗?为什么要我尊重你?"

富翁更加着急起来,他非常愤怒地说:"好,我将所有的财产都给你,这下你可愿意尊重我了?"

乞丐放声大笑,笑得眼泪都出来了:"你真是一个傻瓜,你将财产都给我,那时你就成了乞丐,而我则成了富翁,我又凭什么来尊重你?"

在这个故事中,一个富翁过着富有的物质生活,但他在人际关系方面显然是比较糟糕的,生活中没有多少朋友。因此,他想用钱获得别人的肯定与尊重,就制订了花钱买尊重的计划。但是做起来才发现,钱可以让自己有取之不尽的物质,却不能买来别人精神上的肯定。在乞丐的身上,他更加清楚地看到了金钱与尊重在人和人之间是难以画上等号的。人们也许口头上尊重和服从他,但眼神会告诉他真正的答案。

在社交中过于重视金钱工具,唯一确定的是你身边的人都是为利而来——有利则聚,无利则散。就像托尔斯泰的名言:"金钱与粪尿相同,积聚它便会放出恶臭;然而散布时,则能肥沃大地。"

以前,我在深圳认识了一个人。他和故事中的富翁一样,很重视金钱在交友中的作用。比如,他会在组织一场聚会时发布公告:来参加的人都能在微信上收到一个红包。而且,他给红包设置了不同的等级:利用价值最高的,红包金额最高;利用价值一般的,红包金额中等;利用价值最低的,红包金额最低。

开始时,人们踊跃参加他组织的聚会,群组的讨论氛围也很热烈。但人们的讨论总是围绕红包进行的,极少有人与他聊正儿八经的话题。

他就用这种方式聚揽人气，充实社交网。不过慢慢地，红包的吸引力渐渐下降，加之大家知道了红包的等级，就开始疏远他了。他变成了彻头彻尾的孤家寡人，无人理睬，也没人尊重他。

假如你觉得金钱能买来无数的关系和尊重，这一定是你犯下的致命的错误之一。金钱可以买来花香扑鼻的美丽庭园，却不能带来真心拥戴你、尊重你以及愿意帮助你的朋友；金钱虽然可以购买商业服务，但它买不来切实可用的弱关系。只有明白了这个道理并树立正确的金钱观，你才能受到人们的尊重。

与其用金钱打动人心，不如立志自我完善。一个人在其人生中的最高境界，是他可以完成最高层次的自我实现——生活、工作及情感上的梦想都能得以实现。这不是金钱可以衡量的，至于金钱在其中起到的作用——钱当然很重要，但赚钱和花钱只是过程而已——是否从中得到了人们的尊重和关注，要看你如何去付出金钱，怎样去尊重别人。

播撒关爱的种子

有一位年轻人，在一家商店工作了四年之久，然而并未受到老板的赏识，不涨工资，也未能晋升。因此，他正在寻找其他的工作，准备跳槽到更好的单位。一般来说，在一家企业工作了这么多年却受到老板如此对待的人，一定对这份工作心灰意冷，浑浑噩噩地混日子，尤其在自己马上就要离开时，不会再为老板尽心尽力。

有一天，外面下起了大雨，有位老妇人走进了这家商店，并且在商店内闲逛。老妇人看上去只想逛逛而已，没有要买东西的意思，似乎只是进来避一避雨。所以，大多数店员都对她爱理不理，视若空气。只有这位年轻人主动跟她打招呼，并且很有礼貌地问她是否需要服务。

而且，这位年轻人陪着老妇人逛了整个商店，对她关心的各种商品都进行了讲解，并且主动为老妇人提着买的各种物品，十分贴心。当老妇人离去时，这名年轻人还陪她到门外的马路边，替她把伞撑开，直到她上车。这位老妇人对他的服务和帮助极为满意，在汽车发动前，又打开车窗，向他要了张名片，然后就离开了。

这是一件小事，年轻人回到店内，很快就完全忘记了，开始忙着寻找更好的工作。但现在的就业环境不是很理想，找了十几天也没有找到满意的工作。就在快要放弃时，他接到了一个电话，电话是那位老妇人打来的。在电话中，老妇人问他："小伙子，我这儿有一份工作，不知道你有没有时间过来看看呢？"

年轻人去了之后才发现，老妇人是当地一位企业家的母亲，同时她也是该企业的董事。这家企业正在招聘，碰巧年轻人前几天投过一次简历。他的简历缺乏竞争力，很快就被人力资源部门淘汰了，却被老妇人碰巧看到。一次充满爱心的举动，让他结识了一位陌生人。这位陌生人解决了他的工作问题。

关爱，是永不过时的价值，是我们征服他人最好的资本。它没有成本，却价值巨大。所以，当我们给予他人帮助时，并非要得到报酬、补偿或赞美，而要出于真心地去帮助对方，去播撒爱的种子。当你做了好事而谢绝报酬时，祝福和报酬可能反而会大量地降临到你的身上。这一原则更加适合于弱关系领域，它违反金钱和人性的关系，却又能最大限度地感化人性，使你在那一瞬间独具魅力，给人留下极为深刻的印象。

信誉是价值无限的资产

李嘉诚说："我们要建立个人和企业的良好信誉，这是资产负债表之中见不到但却价值无限的资产。"李嘉诚能白手起家，成为巨富，靠的就是"信誉"二字。做生意要讲信誉，做人同样要讲信誉。俗话说："人无信不立。"一个人可以穷，可以没有事业，没有家庭，但他最不能缺少的就是信誉。有了信誉，你就拥有了美好的未来，因为所有的人都愿意帮助你。

现在，人们总是抱怨市场的环境不好，赚钱的机会太少，愿意帮忙的朋友太少。比如中关村有一个失业者在网上写文章，分析自己失业的原因，将责任推给了外部因素，唯独没有责怪他自己。最后他总结说："我不认识贵人，这是一个靠贵人的社会，但我鄙视他们。"他花费一整天的时间鄙视那些有贵人相助的人，却不舍得拿出几分钟好好想一想：

"为何别人能遇到贵人相助，我却不能呢？我是不是做错了什么？"

后来有认识他的人在文章的后面留言，指出了他的许多问题，批评他犯下的错误，其中很重要的一条，就是认为他"信誉度不佳"。比如借了同事的钱不还，公司安排的工作不好好对待，还连累公司失去了不少优质的客户。

一个人能够做成一些堪称伟大的事情，既是能力的体现，也是人际关系资源的功劳，更是他个人优秀品质的推动。就像李嘉诚，他在事业刚刚起步时，赤手空拳，没有一点比竞争对手更优越的条件，包括资金、人际关系和市场等条件。但李嘉诚是一个极为重视信誉的人，总能说到做到，且高质量地完成与客户的约定。客户对他非常信任，大家都愿意跟他合作。在漫长的竞争中，他逐渐走到了前面，成了最后的赢家。

遵守三项原则，抓住宝贵时机

原则一：知己知彼比砸钱重要。互相了解（基于人性层面的了解）比投入了多少金钱更为重要。钱买不来朋友，但理解却可以。所以，如果你准备用金钱增加自己的弱链接，不如先开发自己理解他人的能力，并使自己可以为他人所理解。这就是"知己知彼"。在做任何决定之前，或者在与别人成为朋友之前，我们都要先知道自己的条件，洞察对方的需求，然后才能看到自己究竟有哪些选择。在社交的层次，我们仍然要知道自己的优点和缺点，更要看到别人的长处，然后才能找到许多领域的交集，这比金钱的作用更为强大，它可以让你们建立牢固的链接，互相提供有益的帮助。

原则二：要磨砺你的眼光，开拓你的视野。在社交中最大的提高是可以通过不同的人磨砺我们的眼光，增强对世界、对不同人的判断力。有的人交朋友喜欢凭直觉行事，他相信自己的直觉，有时凭本能或第一印象就决定了自己对一个人的最终判断，但直觉在互联网时代并不是可靠的方式。时代在不断进步，人也是善变的。尤其在信息过量的今天，我们需要从海量复杂的信息中发现最关键的东西，才能得出正确的判断。所以，要学会多向前走几步，让视野再开阔一些。要通过社交让自己具有国际视野，掌握和判断最快、最准的资讯，并从弱关系中吸收更广泛的信息。这些都不是金钱可以给你带来的。总之，不愿改变缺点和开阔视野的人只能期盼运气的降临，只有懂得掌握时机的人才能为自己创造更多的机会。在这个过程中，要敢于接受挑战，在与不同人的交往中树立自己的人格魅力，使弱关系成为自己的财富。

原则三：为自己设定坐标，而不是只盯着目标。我们身处在一个多元化的时代，面临着形形色色、复杂而又无形的挑战；我们的眼界变得愈加宽广，而世界变得越来越小；我们也拥有比过去多百倍、千倍的选择，这决定了我们无法像过去那样轻易地找到一个目标，然后只要坚持下去就能把目标实现。所以，我们必须兼顾来自生活中不同的区域、不同的人对自己的期望与顾虑，设定好坐标，摆正位置，而不是只盯着前方。在一个一切均网络化的世界中，坐标比目标更重要。设定坐标，就是找到自己的价值区域，知道要与什么人建立链接，然后用强大的毅力去坚持。做任何事情，成功都没有绝对的方程式，但失败都有迹可循——很多时候，你不是目标不对，而是没有摆正位置。

寻求价值交换的不同方式

有人总是强调："人际关系必须等价交换。如果不能等价交换，不是你吃亏，就是我吃亏了。"这句话有道理吗？在某些问题上它有一定的说服力，例如商业性的人际关系。但它并不全对。人生在世，生活和工作的本质并不是价值，而是了解这个世界。我们都有了解世界的本源欲望，但一个人的力量是有限的，谁都需要一个或许多帮手：互相交换信息，开阔彼此的视野，增加见识。从这个角度看，人和人的价值交换不一定就是等价的。所以，不要总觉得自己在社交中多付出就是吃亏。事实上，多付出不但不是吃亏，反而是在为你的未来投资，对于弱关系的拓展是有利的。

以价值、信息交换为主体的弱关系是一张四维化的大网。现在有一句话特别经典，叫作"网聚人的力量"。这张网如同大脑内部的神经元网络，每个节点互相链接，信息的电波来回穿梭，将每一个"突触"（个体）串联起来，实现信息的共享。它既可以让所有人进行价值交换，又能对个体进行信息支持。而且，人和人的链接、通讯不是永久的，往往是临时性的。这一点有别于强关系，体现了弱关系的特点。

在你感觉自己能力薄弱，需要信息，资源支持的时候，就要多多与其他人链接，跳出熟人关系网。跳出熟人关系网不是为了摆脱强关系，而是要意识到：提升自己的价值仅靠强关系是远远不够的，要向外拓展社交的边界，与其他的社交网建立链接，发生联系，然后互帮互助，互换资源。这时，六度人际关系理论体系就发挥了作用。我们不仅要与世界上的每个人发生可能的联系，还要让自己的关系网与其他的关系网建立可能的链接，搭建一张通畅无比的"信息交通网"，就能通过联系的力量将共同的价值最大化，实现信息的分享与共赢。

"分别满足"，而不是"等价满足"

我的朋友安菲尔德是伦敦人，他在中国做了十二年生意，深知关系的重要。他的交友策略是，了解身边不同人的需要，分别提供令他们满足的方案，做到让朋友满意，让客户对他产生依赖感，而不是给人留下必须与他等价交换的印象。

"等价满足"是最忌讳的做法，因为它的本质是功利的——我为你贡献了20元，你就不能只回报19元；你想换取点什么，就得拿等价的东西来交换，然后我们互相满足。如果人人都秉持这样的交友态度，不要说建设好自己的弱关系，就连熟人和强关系也难以长久地维系下去。

安菲尔德说："我在英国和中国都见过一些人，他们对朋友斤斤计较，对陌生人更不用说了。你有求于他，希望他帮个小忙，能不能成功，要看他是否需要你帮助，而且还要看看是否等价。这类人的心中都有一个账本，上面记着他为别人的每一次付出，时机一到就会让人等值甚至超值地回报于他。我不会跟这种人打交道，而我也不希望自己成为这种人！"

他信奉和坚持"分别满足"的社交策略——人们的需求是多方面的，每个人的需求都是不一样的。有人需要金钱的帮助，有人需要指点迷津，有人则需要一份薪资水平不错的工作……他深切理解每一个人对朋友的要求，并努力给予相应的满足。

"我不求等价回报，我从不暗示他们自己将来也需要帮助，这有损于我在社交中的长远利益。"他老谋深算，他的真诚不是装出来的，而是发自内心。正因此，各种各样的人都愿意帮助他，主动和他拉近距离。他的社交账号有几十万粉丝，个人网站每天有一万的访问量。对一个不知名的商人而言，这已是了不起的成就。

在平时的沟通中，他与好友、粉丝及一切陌生人都可以无话不谈。只要有机会、有时间，他便慷慨地向人分享自己的经验：创业的、生活的、情感的、健康的，针对性地解决人们向他请教的问题。

从安菲尔德的成功经验中我们可以看到，任何形式的交换与满足都可以促进社交。交换一次信息可以，聊一聊天气可以，解答一本书可以，一次偶然的共同购物也可以产生高质量的社交，为我们带来某些意外之喜。

问题一：你会在和一个不认识的人在高速服务站的加油站旁聊五分钟有关"加油站附近不能拨打手机"的话题，然后变成朋友吗？

问题二：在变成朋友以后，你的关注点是"如何与他交换价值"，还是看看彼此有没有什么需要可以参考？比如在汽车、手机使用领域互相学习？

思考的角度不同，决定了我们是追求"等价满足"还是"分别满足"。比如，你首先考虑的是自己带给别人的价值，是帮助人们满足需求，还是帮助自己交到朋友？思考的出发点不同，你所采取的策略就大有殊异。一个只考虑等价交换的人，他在社交中的观察力往往较为迟钝，很难在第一时间发现自己与其他人的共同点，因为他思考的重点全部集中在自身的需求上，对他人的需求缺乏关注。这是我们在社交中需要避免的。

我们与弱关系间的价值交换有以下两种基本逻辑。

逻辑一：因为互相影响而成为朋友。我们原来可能互不相识，但你我之间因某些事情产生交集，比如买了同样的东西，发现了彼此相似的品位，或者因一次偶然的业务联系、招聘介绍等有了接触，互相产生影响。在这个过程中，你我可能会因为对问题的讨论、对商品使用的交流、对找工作经验的分享等成为朋友，继而加深相互的影响，从弱关系向强关系转换。

逻辑二：因为成为朋友而互相影响。你我机缘巧合之下建立了链接，成了朋友但不经常聊天。我们之间有共同点，随着沟通的深入，我们可能会在各自的影响下采取相近的行为。例如，找同一行业的工作，去某个购物平台买相似的东西（同一品牌的衣服、化妆品），找同一家装修公司（互相介绍），购买同一家车行的汽车（受到对方购买体验的影响）。这一行为在基于线下的现实关系而建立弱关系中表现得更为明显。出于实际的需要，你我可能会决定一起买相同的商品，从而互相加深影响。这是与强关系有重大区别的地方，因为在强关系中，除了少数的电子产品，没有谁愿意与身边的人使用过于相近的东西，如衣服、化妆品等。一般来说，这样的弱关系不会转化为强关系，你我之间信息交换的属性更强。

基于兴趣，去寻求不同形式的价值交换

在弱关系构成的联系中，人们在日常生活中不产生交集，但很可能因为品位相似、兴趣相同而聚集到一起。基于兴趣汇聚起来的陌生人，反而有更大的可能创造不同形式的价值交换——它更倾向于不发生实际的利益联系，而能在信息、资源和机遇等各个层面互相帮助。比如购买相同的商品，推动某一品牌的产品开展营销活动，对共同爱好的推广，网上慈善活动（动物保护），等等。这些都可以归类为"分别满足"的价值交换，具有爱心帮助、义务服务的特点，是完全非功利性的。

安菲尔德深谙此道。2011年，他在伦敦成立了一个名为"一句话"的社群组织。加入社群的每个人都可以就自己身边的事随时发表一句话的分享，但不得无病呻吟，必须是实质性的对他人有帮助、启迪作用的内容。

例如：

· 汇丰银行伦敦分部招聘三名理财经理。

· 有需要宠物狗的吗？

· 我有一批办公电脑想便宜处理。

·谁能陪我去参加周末的一场商会，也许能谈成新生意？

成立的第一年，这个社群就有七千多人加入；第二年夏天，人数达到两万人。安菲尔德随后控制加入者的数量，设置了三万人的上限。他认为再多的人数已经不能为社群供应不重复的新鲜信息。事实上，当社群人数到达一千人时，就已构成了一个惠及伦敦及周边地区线上联络的信息网。人们通过这个平台解决了自己的许多问题，每个人敲上去的"一句话"对其他人而言都可能是一次机遇，或者能提供一些稀缺的信息。

当兴趣和价值结合起来时，生活中无处不在的"碎片信息"突然就有了用武之地。有些信息对我是无用的，但却对远在百里之外的某一位苦恼的姑娘、某一名忧虑的办公室经理大有用途。要达成这样的交换，我们得建立链接。而为了能愉快地与陌生人交流，首先确立一个筛选标准是十分必要的。

第一，要看看自己面对的是什么人。即，我们不能无条件地相信某一个人。就像安菲尔德的"一句话"社群设置的门槛一样：如果你不能简单地介绍自己是一个什么样的人，就不具备进入群组的资格。假如弱关系网是一种可控的社交，就必须保证你面对的、链接的是自己能够或有条件信任的人，以免给自己的生活制造负能量。

这一原则表明了在随机链接的互联网社群中，弱关系社交仍然保有部分强关系对于好友的要求——你得看看自己结交的是哪一类人，他们能提供什么，你会因为什么而与他们相互交流，这样的联系人靠不靠谱，职业身份、性格或过往历史等信息会极大地影响你们的互动效果。

第二，强关系和弱关系的价值交换有根本的不同。在强关系网中，名声往往占据极为重要的地位。一个人某方面的名声不佳，可能他所有的亲朋好友都不再相信他，导致他在其他方面也会遇到交流困难。但在弱关系网中，某方面的名声则不那么重要。尽管名声仍然影响一个人的社交，但就具体的价值交换来看，他完全可以在其他方面没有阻碍地得到人们的信息支持。

通俗地说：弱关系为那些在熟人关系网中风评不佳的人提供了另一个更加广阔的社交出口。因为弱关系的价值交换经常是随机的，人们可能没有兴趣深挖你的历史。由于不存在深度的利益纠葛，人们也没有必要对你自身的某些不相关的问题斤斤计较。不过，对我们个人的成长与长远的社交形象来说，为自己打造一个良好的名声还是非常重要的。因为好的名声始终是一个人经营好自己的人际关系的重要保障。

思考：为什么弱关系不需要刻意维护

对传统的人际交往来说，由于维系人际关系的基础是互动，因此我们要保持频繁的联系来照料种种人际关系。你要定期给熟人打电话，定期聚会（假期、节日等）；你要与朋友有长期的深入交流，互相帮助（否则感情就淡了）。你会发现熟人关系网总是需要维护的，但弱关系则依托于自然链接，并不需要我们去刻意维护。

也就是说：弱关系不是基于功利的需求。它是一种自在的状态，偶尔联系一下，沟通一次，没有时间、数量与标准的限定，全然发自内心。它是社交网中让我们感到轻松的区域。

对需要刻意维护的关系，你要重新考虑

如果有一种关系需要你费尽心机努力维系的，这时候你就要重新考虑一下你们之间的联系了。在我们读到的很多成功学或人际关系领域的

书籍中，只要说到人际关系，似乎都在从最功利的角度指导你建立交际计划，充满了各种算计和管理。这些功利的原则并不适用于弱关系，尽管我们都知道，任何一种关系存在的前提都是"交换"。但对弱关系来说，你是否有资源值得交换，并不妨碍它的存在，因为弱关系的链接本身就是微弱的，它不存在于我们日常的熟人关系网的交际中。

因此，最好的原则就是，不要将心思放到如何巴结对方或加强与对方的联系上，而是想想在需要对方时，如何提出问题，或者怎样为对方解决问题？你能帮自己的联系人——目标客户、同事、老板，乃至陌生人——用自己的人格、性格、品格，能力等妥善地制订一个方案或者完成一件事情吗？如果届时你能并且平时做好准备，你们的弱关系就是有价值的，便不需要过于费心地琢磨如何维系这种链接。你们的关系会由于共同的利益而自然地挂钩，而不需用上"算计"或"管理"这样的词汇。如果你有了功利的想法，我只能对此表示遗憾。

弱关系不是"人际关系"，而是"信息渠道"

弱关系未必就需要转换成强关系，因为在本章中我们已经看到，弱关系的本质是与信息有关的交换链，而且是网状的。我们经营弱关系、拓展弱链接是为了获得广阔的信息渠道，而不仅是为了让电话簿变得更厚一些。所以记住这一点：人际关系只是手段或工具，信息才是目的。

现在很多人都愿意拿钱出来去参加各种培训，包括管理、人际公关等，自信满满地以为自己是某一领域的未来之星，学习一些人际法则就可以变成一个搞关系的大师，走到哪儿都受人欢迎。但是三个月过后，他们就会恍然大悟：自己不过是做了一场梦，从成功学或人际关系学那里学到的许多技能其实百无一用。因为在那些理念中，对于人际关系的认识就是错误的。方向错了，路线自然是错误的。

人们不断地发问：

·我怎么结识那些比我更厉害的人？

·我怎么建立高质量的人际关系库？

·我怎么管理对我未来非常重要的联系人？

·我怎么让那些牛人注意到我？

·我怎么能尽快地运用六度人际关系成倍扩张自己的关系网？

……

假如有一台设备能听到人内心的声音，这些问题就会像几百只苍蝇一样在你耳边嗡嗡直叫，因为世界上的大部分人都在这么询问，希望得到答案。每当有人这么问我时，我都会回答他们："永远不要使用'人际关系'这个词，要让自己厌恶这个词，要让眼睛穿过人际关系，看到背后的东西。"

许多中国人认为，只要找对了人，事情就一定可以成功。他们迷信着只要认识谁谁谁就能怎样。但事实的真相是，成功并不是因为找对了人，而是因为找对了资源。这一微妙的区别决定了我们并不需要把目光锁定在人的身上，而是要定位于信息。每个人承载的信息都是有限的，因此我们要尽可能与更多的人建立链接，使信息的来源无穷无尽，这才是成功的最大保障。

运用三大原则，链接自己的弱关系

过滤原则：不管是强关系还是弱关系，社交最重要的不是算计和管理，而是过滤。你要主动并且精确地过滤掉有可能会伤害你的，缺乏透明度与诚意的链接，只保留真心的联系人。和强关系一样，弱关系也要追求宁缺毋滥，而不是把所有人都划进自己的社交网。互联网社交也应遵守过滤原则。

真诚原则：无论在网络上还是在现实中，待人都要真诚，任何时候都不要把你的朋友、亲人及其他联系人按世俗中"重要与否"的标准进行分级，因为信息本身并不是因为某个人的身份就天然地增加一些重量。做什么事情都要具备发自内心的真诚——沟通、协作等，把你的真诚脚踏实地落实在结果上。

自在原则：弱关系的最高境界是"平时结下好人缘，有事主动都来帮"。这句话讲的不是如何管理人际关系，而是要学会怎样留下人心。"上善若水，水利万物而不争。"不要在自己的脸上写满"功利"二字，而是要有一颗自在与随性的心，塑造自己出类拔萃的人格魅力。在这个竞争过度的社会，人们活得很累，所以每个人都喜欢结交拥有一颗"自在心灵"的朋友，因为在这里能找到单纯的快乐，收获最真诚的善意。

第五章

让"不熟悉的人"帮你成事

寻找你的优质工作机会

经济形势不太好时，找工作就成了一个高热度的问题。2016年10月份，我在天津的一位朋友尹先生突然想换一份工作，但是他马上发现，自己面临的是一座很难逾越的高山。尹先生是做土木工程的，在某设计院工作，已经有三个年头。三年是应该出成绩的阶段，但他现在的处境却是底薪不多、机会很少、前景一片黑暗。

"我8月份的工资是2000元，9月份是1400元，预计本月亦不足2000元。"

他会如此窘迫，是因为单位的业务量很少，而他与领导的关系也一般。这让他看不到希望，因此只能痛下决心，重新换一份工作。尹先生不仅想换工作，还想借此机会跳到一个全新的行业。

"我有IT行业的知识基础，也很感兴趣，因此想向这个方向发展。"

此时难题来了——尹先生这几年积累的关系都是土木工程行业的，尤其是生活中的好朋友和工作中的同事、客户等，这些强关系几乎都

130

跟IT扯不上半点关系。换句话说，无人能向他介绍IT行业的工作机会。这让他觉得自己怀才不遇。

尹先生一边苦苦寻找，到处投简历，一边思考别的办法。有一天，他偶然加入了一个"同乡群"，在群里报了自己的地址和名字后，忽然有一个人加他为好友，两个人聊起来。他惊喜地发现：这个人既是他的同乡，还在上海的一家互联网公司工作，从事的正是IT行业。经过深入的沟通，对方了解到他的处境，没几天就帮他联系到了一个面试机会——这是一个月薪两万元的优质工作的机会。

通过一个从来没有联系过的同乡，一次"偶然的机会"，尹先生跳槽成功，得到了一份好工作。在传统的熟人关系网中，这种偶然的机会是很少的，但在弱关系中则比比皆是。

在另一些案例中，我看到的是人们对于熟人的过度依赖和对弱关系的不信任。一些人总觉得只有熟人才是可信的，比如找工作、买贵重的东西及办重要的事情等。虽然口头上会说"也许并不一定如此"，但在实际行动中，他们宁可用昂贵的成本换取极低的效率，也不愿给予弱关系多一些信任。

问题是，在两种不同思路所产生的巨大差异中，你是否认识到了究竟哪一种思路和选择能为我们创造更好的机遇。当你需要在特定的时刻和环境中找一份工作时，不同渠道和成本、效率的对比又是怎样的？对你来说，你认为自己更有可能从哪一类人那里方便快捷地得到一个好的工作机会呢？

第一，经常一起玩的朋友。

人人都有关系很好、经常见面的朋友。这些人当然是我们熟人关系网的核心，是不可否认的强关系，对他们不用特殊管理，只需要真心相处并且两肋插刀就可以了。但不管关系多好，你会发现最好的朋友虽然可以给你金钱的支持，却极少能在你处于事业困境时帮你找到新的出口。因为他所知道的，你早就知道了。至少在我的经验中，好朋友扮演的最大角色总是我们情感的避风港，而不是事业的引路人。

第二，社交活动的组织者。

一些负责组织社交活动的人，有一定的条件和资源为你介绍优质的工作。社交组织者具有天然便利，他们是人际关系的纽带，把可能性格相投的人联系在一起，为彼此介绍些新面孔。这类人手中握有大量的弱关系，同时也是资源的中转站。比如，在尹先生找工作的过程中，同乡群的创建者毫无疑问就是这么一个中转站的角色，他创建的平台为尹先生搭建了一个弱链接，解决了问题。

第三，同事及工作联系人。

我们在事业中的联系人是最不适合进行私下交流的，除非他既是同事又是朋友。我们的合作伙伴也具备这样的属性，他们有的是强关系，有的则是弱关系，但在本质上都不可能以超出你所擅长的领域的形式为你打开事业的另一扇门。

工作中的关系成不了死党，但也有形成关系网的趋势，遵循互惠互利的原则。比如，关系的维护主要靠业务，没有业务合作时，工作关系就会变淡。我们要在工作中拓展弱关系，获得好机会，就不能完全遵循这一原则。你必须适当地忽视利益，不要有投机心态。你可以栽下很多树，但不要指望它们一定能结出果实。

第四，你的客户。

客户是我们最想搞定的人，因为客户本身就意味着"优质机会"。但就多数情况而言，客户总是作为利益的索取者出现，而非机遇的给予者。你必须提供一些利益（前景也是利益），才能从客户关系那里获得新的机会。

但是，维护客户关系，包括挖掘客户中的弱链接，所花费的成本比其他关系都要高。你需要从客户的角度思考问题，从客户的立场解决问题，积累这方面的资源。一个喜欢让客户为难的人，在自己为难时客户都会冷眼旁观、幸灾乐祸。所以降低成本的最好方式，是要懂得放弃短期利益，和对方着眼于长远的未来，然后共同进步。只有这样，他们才愿意给你更好的合作机会。

最无用的联系，最有价值

如果你理解了"弱关系的本质不是价值交换，而是信息交换"这个理论，也许很多正面临的现实问题就可以迎刃而解了。在弱关系中，"可交换的信息"才是价值，最有价值的信息，往往在你觉得最无用的联系人那里。

为什么关键时刻熟人就走开了

我们现实中接触到的大部分人，尤其是生活中的强关系，你会发现看似坚固的情感基础往往经不起考验。越是关键时刻，人情就越淡，利益色彩却越浓。除了父母、兄弟姐妹、配偶这样牢牢捆绑在一块的关系极少考虑利益的交换之外，其他的诸如发小、死党、闺密等经历过很多考验的亲密关系，平时联系极为频繁，是你认为对自己最有用的联系人——恰恰是这些人，在最关键的时刻却往往会让你失望。

南京的一位胡先生说："我活了三十年才明白了一个道理，你最相信、最寄望希望的人，却在你最需要帮助的时候站到了离你最远的地方。"

胡先生在讲述自己的故事时一口气用了四个"最"字，足见他对自己某些好友的失望。事情的起因并不复杂，胡先生是个成功的生意人，十几年来事业顺风顺水，经营的装修公司单子不断，还投资了其他买卖，发展也都不错。前两年，为了适应飞速增长的业务，胡先生制订了一个雄心勃勃的计划，换了面积大一倍的办公楼，人员也增加了70%。随之而来的，就是成本也跟着翻了一番。

"那时我很自信能赚回来，因为装修市场很火，可以说顾客盈门，从早晨七点忙到晚上十点，人都是飘的。"胡先生说。但他没想到的是，在公司搬进了更大的办公楼，招了更多的人后，房地产业却突然迎来了一场"冰霜"，刚需装修的客户急剧减少。公司的招待室立刻冷清下来，每天从以前的几十人，降到了不足十个人。

这意味着，胡先生每月多投入一倍的成本，换回来的却是收入下降5～6倍的结果。两个月不到，他就遇到了巨大的经济危机，攒了十几年的钱眼看就如同流水一样在这个无底洞中消耗干净。现在，胡先生有三个选择：

第一，继续投钱进去，维持庞大的开支，等待行情好转。这么做是常规思路，但需要持续的资金支持，他没有这个能力。

第二，立刻更换办公场所，再用裁员的方式止损。这么做"回头是岸"，但一是面子上过不去，二是未必真的明智，因为市场总有回暖的时候。

第三，想办法扩大业务渠道，为公司增加订单。这么做是最佳选择，但他缺乏这方面的门路和信息，因此急需别人的建议和帮助。

胡先生开始找亲人和朋友商议如何渡过难关。他希望能从亲朋好友那里借到一笔钱，再看看他们有没有办法帮助自己扩大业务——介绍些客户、出出主意等。遗憾的是，愿意借钱的没有，催债的却来了，而且是他的至亲好友。胡先生扩大公司规模时曾向一位亲戚借了10万元，约定三年归还，年息10%。现在还不到一年，亲戚见他情况不太妙，就突然毁约，要求他还钱。

这令胡先生非常伤心，继而感慨万分。很多人都和胡先生有类似的经历，在自己最需要帮助时，求助于强关系反而不是最佳的选择，因为成功率非常低，而且经常要付出高昂的成本。有人就说："关键时刻不要向熟人求助，尤其是亲戚，你不但一无所获、白费精力，反而会失去他们。"求助会让强关系从此远离你吗？至少在很多人看来，这种可能性是非常大的。

出现这种情况的原因是什么？

你要知道，强关系的基础是价值交换。关键时刻，强关系不帮助你，很可能是因为你没有足够的价值跟他交换；或者说，他们的视野不够宽，眼光不够远，也对你缺乏耐心。他们不希望在你这里冒险。

因为大多数熟人已与我们建立了牢固的联系，互相知根知底。了解越深，对一个人的判断就越趋于理性和谨慎——这时会滋生许多功利的元素。强关系之间的交集充满着价值的等价交换。同时，你解决不了的问题，他们中的大多数人也解决不了。

所以对这些熟人来说，"交换"的概念尤为重要。你觉得有用的人，当你没有东西与之交换时，他就变得无用了。因为他不是不想帮你，就是根本帮不了你。我们在请求强关系为自己做一件事情的时候，总是需要拿出相应的利益跟他交换——欠下人情也是一种利益交换。因此人们才会觉得，去请求熟人帮忙，是一件不好意思的事情，总是羞于启齿。人们的愧疚不是来源于自己的无能，而是基于强关系的这种本质——你想从他们手中拿点东西，必须有相应的东西去交换。正是这个过程才让人感到羞耻。

愿意帮助你的人经常站在不起眼的角落

胡先生的问题最后怎么解决的？他说："在我最无奈的时候，我准备抵押公司的一些资产，拿自己的房子去贷款。我拿着材料去了贷款公司，遇到一个信贷员。他一年前找过我，当时我的生意很好，他问我是否需要贷款，我说不需要，然后就没再联系。"这次见面对胡先生来说是人生的一次重大转折。

这名信贷员看到胡先生，开玩笑地说："您终于想到我了！"然后仔细看了看资料，又严肃地说："您现在经营前景不太好判断，恐怕公司不会放贷给你。"

那一刻，胡先生感觉自己掉进了绝望的深渊：亲戚朋友帮不了我，我没有抱怨。现在连金融机构也不给我生路，我该怎么办？

但是，信贷员话锋一转："也不是没有办法！我认识一个人，他是专门帮助困难阶段的中小企业寻找融资的，他在风投机构工作。"也就是说，这名信贷员有一个朋友可以解决胡先生的资金需求。

于是，在他的介绍下，胡先生第二天就与那个风投经理见了面。在搞风投的看来，胡先生尽管现阶段遇到了困难，但装修这个行业从长期来看是比较稳定的，胡先生又比较有经营头脑，未来的前景值得看好。一周后，他就从这家风投公司拿到了100万元的资金。

在胡先生遇到问题的那一瞬间，他能想到会是一个自己认识的风投经理提供了帮助吗？他甚至也想不到，从中起到关键作用的是一名他一年前只见过一面的信贷员。这个人根本不在他的通讯录中。

所以，什么叫"有用联系"？就是真正愿意并能够帮助你的联系人。他未必是你的熟人、密友，甚至也算不上朋友，但在你需要时，他就能帮助你。

这样的人通常具备哪些特点？

第一，"愿意"很重要。即便他的能力不够，或者最终帮不上你，但他愿意随时随地无条件地向你伸出援手，你也能第一时间感受到他帮你的意愿。不要小瞧这一特点，事实上，遍数身边所有的朋友，你会发现具备这一点的联系人少得可怜。第一条标准就会把我们99%的联系人排除在外。

第二，他具备帮助你的能力。一个可以为你提供价值并及时帮助你的人，他必须拥有你不具备的某些能力，掌握你没有的某些资源或信息。这决定了他和你能形成信息或能力上的互补，看一看自己的熟人关系网，有谁具备这个特点呢？

第三，他往往是平时你没注意到的人。为何这样说？因为人的本能是趋利避害。对自己有利的人，我们早在第一时间就关注，而不会将之遗忘在一个不知名的角落。所以在你需要帮助而不得时，说明平时很熟悉的人你早就分析了一遍。这些人在关键时刻都指望不上。此时能站出来帮忙的人，一定不是你的强关系。

合理分配"链接"精力

"谈笑有鸿儒，往来无白丁。"这句诗形象地描绘了一个交游广泛的人是如何意气风发。社交活动比较成功的人，到哪儿都是座上客，与不同领域的人谈笑风生，遇到问题总能用很少的代价便找到合适的人帮助自己解决。

一个人的精力是有限的，因此我们需要"六度链接"

但是，要达到"朋友遍天下"的境界并非易事。至少这不是我们一个人到处打电话、参加社交聚会就能做到的。一个人的精力很有限，能够直接管理与定期联系的关系也并不多。为了保证自己随时可以找到一个解决问题的联系人，我们必须充分地开发弱关系，并且让弱关系流动起来，去创建更多的链接。

第一，你要重视关键联系人。

关键联系人处于不同的社交网之间，是人际关系的中转环节。比如，一个人可以帮你从自己熟悉的社交网进入另一个陌生的社交网。他是两个社交网中间的桥梁，离开他，你就不能与另一个社交网建立联系。他就是关键的联系人，我们必须给予重视。在六度人际关系理论中，这类人充当着链接的中转枢纽，掌握着最重要的社交渠道。

第二，要区分不同关系的重要性。

社交联系人具备多种特点，体现在通讯录的标签中，也体现在他们各自的角色上。对你来说，哪些联系人是必须优先对待的，哪些则可以放在后面，或者不需要定期联络？强关系和弱关系的联络都具备这一特征，要对关系的重要性与不同的特征进行分类，以便按图索骥，节省精力。

从情感上来说，关系的重要性排名可能是这样的：

（1）父母、伴侣和孩子。

（2）其他直系亲属，兄弟姐妹等。

（3）关系亲密的朋友。

（4）对自己非常重要的领导。

（5）事业上的重点客户。

（6）同事及其他人。

从利益上来说，关系的重要性排名会发生一个较大的变化：

（1）影响自己的收入和职位的领导。

（2）影响自己业务量的客户。

（3）家人、伴侣和孩子。

（4）高质量的朋友。

（5）工作中优秀的同事。

（6）其他联系人。

管理这些情感和利益层面不同的联系人时，你会面临对他们的重要性划分。同时，你也会遇到一个棘手的问题：如果一些人构成了自己比较固定的社交网，随着时间的增长，自己社交的流动性就逐渐丧失了。一个不流动和不开放的社交网，会让我们很难与外面的关系建立弱链接，也就意味着我们的信息是封闭的。

所以，必须使自己与外界的联系流动起来。比如，即便是办公楼门口的一位普通保安大叔，他不在你的通讯录上，也远远排不进你的联系人重要性排名的清单，也要与他产生必要的链接。时常给他一个热情而尊重的问候，或许就能在某一天为你带来惊喜。这种惊喜不一定是利益层面的，但对你有利无弊。

正因为人的时间有限，精力也有限，我建议不要与所有的联系人定期交流，包括最亲密的强关系。尽量不要设定强制性的固定交流，除非经常有业务的往来和工作上的协作。根据调查显示，人们花在一些特定的联系人身上的"最多时间"并没有带来计划中或设想中的回报。人们有80%的社交投入仅仅获得了不到30%的回报。这说明我们在社交精力上的管理是错误的——与其总是在强关系和熟人关系网中浪费大部分精力，不如分给弱关系一些时间，让自己的弱联系流动起来。

一个最简单的做法就是去关注自己强关系的外围，比如公司的保安、快递员、有业务联系的银行经理或者微博上那些经常回复你的从未谋面的交流者。他们处在我们社交网的边缘区域，但却是一座信息的金库。

制定社交联系的"细节战略"

第一，如何分配感情和利益？为了增强关系的活力，感情和利益方面我们应该先照顾哪一方面？换个方式提出这个问题：你是一个优先考虑利益的人，还是一个将感情放在第一位的人？前者会被视为势利，后者则总显得单纯与天真。如何分配两者间的关系，是一个比增加多少联系人更重要的问题。基本的原则是，在不伤害切身利益的情况下，永远不要忘了展现出自己重视感情的一面。即使没有任何利益关系，也要时刻闪耀人性的光芒，展现出自己的温情与善良。

第二，需要经常打电话吗？不要每天与朋友煲电话粥，因为当两个人的关系热到一定程度时，一方突然冷下来就会造成伤害，比如你的工作忽然忙起来而减少了联系。对任何关系而言，经常打电话都不是一个好的选择。我的意思是，你要避免一些关系从弱关系升级为强关系。许多联系人保持在弱链接的层面才是最有利的选择——我们都需要偶尔联系的老朋友（避风港），半年一起喝次酒的老领导，或者几位不时带来重要市场信息的代理人，等等。这些联系人都属于流动性很强的弱关系，谨记不要把他们放到自己的熟人关系网中。

第三，优先顺序。在感情和利益方面，你都可以继续细分，比如在重要性的层面中，我们可以接着划分为最重要、一般重要和次重要的。在感情方面，可以将不同的关系划分为一、二、三的档次，而父母妻儿要处于至高无上的位置，没有任何联系人在感情方面比他们对自己更重要。

第四，拜访和问候。不定期拜访重要的人，这是一个基本原则。但对生活和工作中的弱联系，我的建议是以不定时的问候为主。可以是一条手机短信、微信消息，也可以是一次群聊天中的招呼。重要的不是你在联系他，而是让对方感受到你对他的关注。与其平时每三天联系一次，不如重大的时刻给对方发一条短信，或给予致礼。后两者所形成的积极印象更为深刻。必要的拜访和问候不能沦为客套的寒暄，讨论与他们的生活和工作相关的话题是最佳选择。除了热门话题，我认为最引人注目的方式是提出自己对某些问题的独特见解，这能让人立刻记住你的名字。

第五，你会和他们分享哪一类信息？在进一步的接触和讨论中，弱链接的发展方向往往是强关系。但这取决于你能与他们分享的信息。沟通中，人们会自然地显示出对你是好感、讨厌还是没有感觉，这也取决于你提供的信息。然而，一味地投其所好并不是一个好办法，这种庸俗且极其大众化的招数尽管总能收到一定的效果，但却无法为你塑造一种个性化的形象，对扩大弱联系的流动性其实是不利的。你要分享双方都感兴趣的话题——既是他的兴趣，也是你的擅长之处，这才能找到你们之间的交集。

第六，你想出名吗？社会化媒体为我们聚集了近乎无限的弱链接，如果你想出名或者意图增加曝光率，你应如何制定互联网社交战略？人们对社交工具投入了大量资源，网络营销已成为一个庞大的产业，但效果却经常达不到预期。透支弱关系资源的结果是虽然可以"出名"，但不一定能给自己带来计划中的好处。你应该避免过度使用微信、微博等平台与粉丝互动。引发关注的方式必须是健康的，在一切变得透明的网络时代，加强弱链接的最好办法是通过这些工具提升自己的价值。

　　你的目的是什么？最后一个问题是，我们必须明确地知道自己开发弱关系资源的目的，这和交朋友的动机是一样的。假如你是一名普通销售或企业高管，你去参加线下聚会或者去上MBA班，这是非常有必要的。但你的主要目的应该是学习自己所不知道的知识，结交一些优秀的朋友，而不是在他们身上赚到金钱或者其他物质收益。如果你周围有经常参加线下社交聚会的人，他们应该明白这两者的区别——目的不纯的交流只会让你失去人们的关注。有经验的会教给你很多关于这方面的事情。

　　为了生存和发展，人们可以做出任何事。但在社交关系的拓展中，好的社交只是高效地利用了自己的时间和精力而已。在没有伤害到任何人的前提下加强自己的弱链接，要用你自己的诚意争取更多人的关注。

看到机会，就要付诸实践

最低廉的成本就是"感情"。所以深谙人际关系的高手总是强调必须动之以情，才能诱之以利。在实际行动中，"情"总是排在"利"的前面。感情的链接能为你创造交流的机会，在看到机会时，还要拿出实际行动，证明自己是一个可交之人，增强人们对你的关注。

人和人之间首先是情义的链接，其次才是利益。为什么这么说呢？因为我们与世界上的大多数人都没有利益关系。我们关注这个世界并非全然出于自己的利益需求，只是情感上想关注而已。出于同类之间的惺惺相惜，我们对别人的遭遇感同身受，所以那些悲惨的新闻总是聚集了大量的流量。人们在关注、点评的同时，也为当事人的命运揪心。在这种关注度极高的社会新闻中，人们通过共同的情感建立了链接。

这将是我们与人打交道——建立任何联系之前就要确立下来的基本原则。实际上，通过人际关系网枢纽拓展的弱关系，由于利益的交集非常小，要获得最大的关注度，我们就需要对陌生世界展示自己友善的一面。现在，人人都可以通过网络账号拥有一个公众形象。一丁点负面新闻都可能引发一次大规模的传递，产生病毒式传播的轰动效应。

· 你希望自己在社交平台上是薄情寡义的形象吗？

· 你希望在别人眼中是睚眦必报的小气鬼形象吗？

· 你希望人们认为你是一个投机主义者吗？

· 你愿意让陌生人在与你建立联系之前，就判定你是一个只在乎利益的冷漠的功利主义者吗？

我相信，你绝对不希望发生类似的事情。要想在社交中采取有效的行动，抓住 "天赐良机"，获得实实在在的收益，我们恰恰要先放弃 "利益先行" 的潜规则，必须以情示人，以情动人。这是一个人在社交中的长赢之道。

寻找你可以嵌入的社交活动

哪一类活动是我们可以融入的？

或者说，在选择适合自己的社交活动时，判断标准是什么？

众所周知，想扩大人际关系，社会活动是不可缺少的。不管是强关系或还是弱关系，都需要通过一定的社交活动来增加联系人，扩大社交网，建立新的链接。最重要的是，在合适的社交活动中，我们能与别人联络感情，加强互动，得到人们的关注。这样才能长久地收听这个世界新的信息，得到人们的帮助。

如果你不参加一些合适的社交活动，将会变得孤立起来。但哪些社交活动对你而言是正确的？

第一，不要妄想通吃。一个错误的观点是，人际交往能力强不强，要看一个人是否"通吃"。事实上，永远不要妄想可以在任何社交平台或社交网中如鱼得水，没有人可以做到。你要优先考虑与自己职业有直接或间接联系的社交平台，见效显著且方向明确，有利于你在短时间内获得业内前辈、专家的指导，得到某些稀缺资源。

第二，选对年龄段。如果你是一个二十岁的年轻人，有两点是需要谨记的。第一，尽量加入比你年龄大的社交网，与成熟人士建立链接；第二，此时尽量不要与四十岁以上的人结成强关系。这一建议看似有违"常识"——人们通常觉得早早地认识那些功成名就的人有助于自己的成功。但在我看来，长者固然有他们独特的智慧和经验，但二十岁时就混在这样的社交网里，你也可能失去本该蓬勃向上的活力。所以，选对年龄段，多参加有利于补强活力、激活能量的社交活动，从而提高自己的竞争力，帮助自己快速成长。

第三，契合但有区别的价值观。现在，不同年龄段、阶层或知识群体的人都有自己的价值观。最怕的是作为"70"后，你只认同"70"后的价值观，又或者"60"后的人也扎堆在一起，所有价值观一致的人形成一个封闭的小社交网。价值观的隔阂和孤立不会给你带来任何好处，因此弱关系的第一要义正是将目光定位于那些与自己的价值观有所区别的人身上。既有所区别，又能聊得下去，这样才能开拓我们的视野。

第四，合适的时间。社交活动最佳的时间段是几点到几点？在我看来，任何晚上十点以后才结束的聚会都是没有价值的。它意味着这个群体中没有克制、理性或严谨的规划，不要加入深夜聚会，它对你没有意义，不会给你增加有趣的经历，而"交错人"也是一个大概率。好的社交活动以下午为宜,最坏的社交活动则游走于深夜。

在实践中传递你的价值

看到好的时机,就要果断地采取行动,与人们建立链接。在互动中注意方法,寻找并且建立自己的价值,然后把自己的价值传递给对方,与他产生信息和价值的交换,并由此促成更多的链接,扩大自己的交际网。这是建立强大的弱关系网的基本逻辑。

我发现,现实中有一些人不敢实践自己拟定的社交策略,竟然是因为 "畏惧" 那些比自己能力强的人。他们恐惧与强者交往,担心自己将轻易地处于下风。究其原因,不是面子问题,是我们内心挥之不去的安全感和争强好胜的心理。没有人愿意被陌生人或不太熟悉的联系人视为弱者,然后用俯视的姿态跟自己交流。

遇到这种情况时,你可以采取 "主动出击" 的战术。越是在自己羞于主动时,就越要拒绝逃避,坦然接纳现实,用向上看的态度对待比你出色的人。例如,主动求助就是一种高效的行动。你可以试试主动开口说:"你好,我遇到一个问题,它是这样的,不知道你是否可以帮助我?"

然后,看看他有何反应。至少这给了你们一个更深入了解对方的机会。更重要的是,主动求助的行动最容易释放自己的善意,换来对方的理解。

但是,永远不要犯下这些错误:

第一，问题很简单，又很愚蠢。有些人喜欢问一些非常容易回答却又十分愚蠢的问题，就像今天的一些媒体从业者。他们采访一个名人时，脱口而出的问题总是那些大家都清楚的事情，且已经包含了答案，这让对方难以回答，且显得他自作聪明。

为了避免这个潜在的错误，当你不确定问题是否恰当时，可以加上一句："我觉得问这个问题可能不妥，但我确实希望得到您的指教。"用坦诚的态度给自己加一点分数，效果会更好。

第二，问题出在让对方做问答题，而不是选择题。问答题的形式是让对方回答"是"或"不是"，这样的沟通有点咄咄逼人的意味，不再是求助而是逼问，那就背离了我们的初衷。最好的方式是提问时同时说出自己的几种不同的想法，请对方给予分析。这能让他感受到你的尊重，在回答问题时也有充分的参考依据。重要的是，他能看到你是一个善于思考的人，利于你们之间的进一步交流。

第三，喜欢试探对方的诚意。主动试探对方绝对是一个天大的错误！遗憾的是，世人大都擅长这种小聪明，看似保护了自己，实则在一开始就斩断了你们之间的任何可能性。不要试探对方的诚意，因为没有人是傻瓜，他能感受到你狐疑的态度，并立刻产生憎恶的情绪。

相对于强关系，在弱链接的交流中，彼此的时间都很宝贵，所以认真点！从第一秒钟开始，就不要虚伪，而应认真、严肃和满含尊重地交流。你要知道，公认的聪明人永远比你想象中更聪明。一旦和对方建立了链接，有了交流的机会，就郑重地询问，仔细地聆听。

如果有不同的看法，要与对方讨论，这是好的进展。在给出你的反馈时首先表达感谢："谢谢你的启发，我想到了新的东西。"这正是实践的表现，也是可以促进弱关系拓展的一种积极的行动。

最大的误区是"口才决定一切"

增强社交能力/拓展人际关系的最大误区是，人们觉得只要口才好就可以摆平一切。在许多场合的讨论中，不少人坚信：他可以凭借出众的口才来征服对方，说服人们成为他的朋友；他用一张嘴巴就能打遍天下，获取自己想要的一切；他觉得表达能力是社交的根本，除此之外技能无足轻重。

流行于这个世界的"口才好""夸夸其谈"或"滔滔不绝的讲述"等方法真的能让自己成为受人关注的对象吗？也许确实可以提高关注度，但更大的可能是成为一个小丑。三寸不烂之舌确实是一个游刃于交际场的低成本利器，但这不是我们所拥有的真正价值。好的口才可以暂时说服一些人，但你无法让这些关系长久地为你所用。

所以，当你决定行动起来，用强有力的行动创造你强大的人际关系时，切记不要使自己的魅力流于表面。要让人们可以在你这里获得一些持久的、富有内涵的价值。要学习并拥有这样的品质，任何时候开始学习都不晚！

开发互联网的弱关系宝库

人和人关系的本质，是因为产生了生活和工作的交集而导致的互助行为。在没有互联网之前，现实中人和人的互助行为并不频繁，多数发生于能够近距离交流的熟人中。一千年前，我们与千里之外的人联络一次，不管是见面还是写信，都至少需要数月；直到一百多年前，人类才发明了电报和火车，联络一次最快也要几个小时。在这种极慢的联系节奏中，可以面对面接触的强关系几乎是我们能依赖的全部，弱关系的价值是可有可无的。

但在新型的互联网社交出现后，能够即时通信、交流与进行群沟通的网络成为人和人的互助行为的主要平台。从这时起，互联网也就成了弱关系最大的宝库，并使社交形态与过去相比出现了一些革命性的变化。

第一，扔掉名片，我们迎来了网络标签时代。传统的社交观念中，送出名片、拿到名片并交换联系方式是一件很普遍的事情。我们出去见到陌生人、客户，当对方递给你名片而你却没有时，往往是一种尴尬的局面。十年前甚至五年前，在做生意、谈业务、交朋友等社交行为中，名片都是不可缺少的，是身份的象征。就像现在的人随时可以报出自己的微信号一样。不过现在，随身携带的纸质名片对社交已经无足轻重了，因为名片并不能让人和人之间发生即时的链接，微信却完全可以。互相加一下微信好友，成了比名片更加有效的方式。

我们可以将微信等社交账号作为一种展示个人形象的标签。当互相加为好友后，我们就有了一个可以即时联系的联系人，可以用这种方式广撒网，积攒自己弱关系的数量。人们拿到名片后有可能随手扔掉，或者干脆放到一个角落任它蒙上灰尘，半年都不会联系一次。而且你给了别人名片，对方也未必愿意跟你联络，并不一定会接你的电话。但在网络社交中成为好友后，你主动发送的信息他可以看到，然后根据自己的情况，酌情做出反应。同样，他也可以给你发送信息。在这种网络社交中，无论做什么，你都能从交流中感受到对方的态度。至少，你能让对方看到自己的想法。

第二，让一切都变得新鲜，迎接、适应和制造变化。在市场营销领域有一个理论：Make new things familiar, make familiar things new. 意思是，让新事物看起来熟悉，让熟悉的事物充满新鲜感。该理论归根结底，讲的是"变化"——生活和工作都是变化的，每一天、每一刻和每一件事也都是充满变化的。所以，不要让我们生活的世界失去新鲜感，也不要让自己失去适应变化的能力。

十几年前，乔布斯在介绍苹果公司的第一个iPhone产品时说，这是iPod、Phone、iTunes的结合，而接下来的新款产品则会一直强调变化在哪里。就像乔布斯这样，为世界带来变化，同时让自己熟悉变化。

乔布斯因为创造了变化而闻名世界。那么你呢？当互联网社交出现时，你对这个变化莫测的世界有什么认识呢？

我一直觉得，互联网带来的弱关系社交就具有这样的特点。社交和卖东西是相通的，所以我们要把自己不断地更新换代，每天与过去不同，并使自己的关系库流动起来。要让人们知道你是不断更新的，也要更新我们的联系人，更换不同的链接，获取不同的信息——最新鲜的信息。这是互联网能够给予我们的。

利用社交媒体"广撒网"

微信、微博等社交媒体是我们开发互联网弱关系的宝库，你可以充分地利用这些平台播撒信息与联络的种子。比如，大多数人都会通过手机在微信上更新自己的状态，女生在这方面就比男生做得更为出色。她们每天会在微信上与人互动，随时发布新的内容，增加人们对自己的了解。男生则多少有点忽视互联网平台——他们中的多数人可能很少在社交软件上广撒网，仍然局限于自己在线下建设的强关系。

例如：女人们喜欢在微信上与好友沟通，男人们则倾向于晚上下班后呼朋唤友，一起找个地方喝上一杯。不同的交流方式，在一定程度上体现了他们对待社交平台不同的态度。

为了加强社交媒体在自己生活中的比重，你可以从现在起变得主动一点，在不熟悉的情况下，了解一个人，同时展示自我的最快途径就是微信、微博等互联网平台。人们在加一个人为好友前，通常会去这些地方看看对方到底是一个什么样的人，看完之后产生一个初步印象，才会决定是否与他建立链接。

所以，要善用新型的社交媒体，它们是我们与弱关系之间的桥梁，是增加弱联系的一个绝佳工具。在社交媒体上，我们与人沟通也方便快捷，比线下交流的门槛更低。例如，一张旅游中的自拍照就能帮助你与许多人发生联系——假如他亦是旅游爱好者，这就是双方都感兴趣的话题。隔着千里，你们就能交流旅游的经验，在未来就此问题互相帮助。

利用互联网技术精确传达信息

互联网能让你以精确的方式检索到自己需要的信息，以及自己真正需要的关系。在最短的时间内找到他，然后单独地向他发送信息，得到他的帮助。

我可以举一个很实际的例子：咨询。有的人想解决生活中的问题，想找人倾诉，求人出主意，但他的熟人中没有合适的人选，或者说他不希望让熟人得知自己内心脆弱的一面。比如，他的女朋友闹了矛盾并因此差点分手。这时他就可以在社交软件搜索那些情感领域的专家，然后向其求助。

咨询可能是免费的，也可能是付费的。当问题解决完以后，他们之间的联系便可中止。他解决了问题，也没有让熟人知道这些隐私，心理上没有任何负担。现在，类似的平台与服务越来越发达，已经变得非常普遍。

这就是互联网给社交带来的好处，它提供了一个庞大的、近乎无限的弱关系库，并且能够让我们精确地找到自己需要的信息，与相关的资源快速建立有效的链接。但是现在，尚有为数不少的人并没有意识到这一点，他们仍然每天与最好的朋友交流，在熟人中经营自己的生活。排斥互联网是一个保守的选择，看似安全，实则并没有推动自己人生的进步。

用最广泛的交集形成弱关系库

熟人关系网的社交建立于你们之间日常生活的交集上，互联网的弱关系社交同样有它特定的交集。实际上，任何一种社交联系的基础都是你和对方之间产生了某些交集。它可是生活，是工作，也可以是商业性的。但要注意的是，展开互联网社交时，如果你想产生最大的效应，就要务必保证你和人们之间形成最广泛、人数最多的交集，就一个共同的问题、兴趣或关注点可以联络到一起，产生一个网状但有中心点的链接。

前不久，我在和一家天使机构的负责人一起聊天时，对方提到了目前刚在国内兴起的众筹现象——互联网融资。我当时想到的第一个词就是"弱关系"。例如，发布在京东上面的许多众筹项目就是在创建一个交集区域——对这个项目感兴趣的人会共同聚集到这个页面，形成一个短暂但数量巨大的链接。如果你喜欢这个项目，希望他成功，你就可以捐献一定的金钱。

天使机构的这位负责人说:"我从中看到的是一种趋势,也许再过十年,天使基金就可以不必存在了,因为这种通过互联网进行的众筹在理论上是没有资金上限的,每个人都可能给予支持,这比银行或投行的能量强大太多。"

"商业众筹"让我们看到了弱关系在互联网上一旦被开发利用,会产生多么强大的力量!问题是,如何找到与多数人的交集?这个交集区域必须具有广泛性。即,你要做到在一个网页内让越来越多的人对你产生兴趣,而不必线下当面验证。开发互联网弱关系库的难点在于此,而不是我们能否实现某些雄心壮志。

当陌生人需要用钱对你投票时,是真正考验一个人的价值和可信度的时候。你有信心通过这样的考验吗?

创造流动性的弱联系

六度人际关系的社交理论已经在全球风靡了许多年。社会学家也分别在1967年、2002年和2008年进行了三次实验，分别通过文件、电子邮件和MSN社交软件的资料做了详细的分析，每次实验都验证了六度分隔理论的存在和正确性。

比如，一封电子邮件只需要通过平均4.05人（跨国的话也不超过7人），就可以发送到一个完全陌生的目标人手中；一封文件或信件不超过6个人，就能从欧洲的一座城市送到美国中部一座小镇的与发信人毫无关系的人手中；在世界范围内的任意两个MSN用户间的平均分隔度则是6.6个人。这些人之间全部属于弱关系的链接，就像你和奥巴马、普京或联合国秘书长之间的链接，最多也只需要6个人。

在进行过的这些陌生人间的传递实验中，未能完成的传递只有0.3%，原因是中间的发信人不知道究竟要传给谁；绝大多数的中断者仅仅是因为自己忘记了向下传而已，而不是找不到下一个接信人。

六度人际关系理论充分说明了链接的流动性，我们要在自己的社交中，特别是通过互联网创造的链接就是流动性的——它完全不同于强关系的黏性与牢固性，而是始终寻找下一个传递的目标，建立新的链接，使我们的信息库保持新鲜，并维持扩张性。

另外我们观察到，在流动性的弱链接中，一些人际关系中转站在整个关系网络中扮演了极为重要的角色。这些人（社交平台）承担了重要的使命——成为不同社交网的桥梁。我们生活和工作中绝大多数的链接都是通过中转站串联起来的，但中转站的力量并不是来源于他自己，而是他所拥有的无数的弱链接。在他那里，有无数的接触点，供我们与别的社交网链接起来，打开进入另一个世界的大门。

因此，要创造源源不断的弱联系，我们就要争取使自己成为一个中转站，或者尽可能离中转站近一点。我们要在可以聚集流量的社交平台据有一席之地，要为自己建立庞大的弱链接，然后融入更大的网络。这正是我们每个人都可以做到的。

以双向的联系为基础扩展空间

如何做到双向的联系？如果你觉得一个人很有意思，就要和他交流，而不是只接收他的信息却不做出任何反馈。只有做到了双向联系，才能将"链接"转变为"价值"，实现双方的信息交换。不断的双向联系，就能推动我们的弱关系网向无限的空间扩散。

就是说，双向的联系使人和人的关系实现了双赢，避免社交变成一个乏味、功利和短命的零和游戏。

北京有一位方先生对自己的人际关系很不满。他特别烦恼地对我说："我朋友很多啊，但是感觉没什么用。我微信有上千好友，微博有几十万粉丝，其他社交账号也有上万关注者，但我发现自己到关键时刻就找不到人了。比如我想找人了解些专业知识，不是没人回复我，就是过好几天才有答复，这说明没人重视我！"

方先生犯了什么错误？

第一，他重视互联网对社交的作用，加了大量的好友，这从数量上可以体现。

第二，他对这些链接的管理是单向的，平时没有互动，总到需要时再联系，效果就不会太大了。

现实中许多人都和方先生是一样的：到处添加联系人，可能每周加十几个，一年下来就从无到有，好友变成几千个，但却没有互动。这对社交来说是致命的——你可以很长时间才联络一次，但万万不能加上以后就不说话。至少，你需要在一开始就进行两到三次的双向互动，让双方有一个基本的了解：

· 你是谁？我是谁？

· 你做什么？我做什么？

· 你需要我做什么？我需要你做什么？

更关键的是，要通过互动达到一个重要目的：判断这个人是否与自己志趣相投，是不是一个好的交流对象？社交并不需要"心机"，很多时候人们都会做出无意识或本能的反应。也就是说，很可能你给他留下的第一印象、说的第一句话、发送的第一个聊天符号就已为你们未来的关系打下了基础。

所以我们一定要将每一种关系都变成双向的联系，发生有趣的互动。互动能让我们的关系流动起来，在互动和流动中，由一种链接创造新的链接，然后产生新的机会。

让信息流动起来

在社交互动中，起关键的推动作用的总是信息而不是沟通技巧。技巧永远是为内容服务的，如果你无法提供别人感兴趣的信息，你就打动不了对方。波士顿一家公共关系咨询公司的顾问克林格说："如果你注意观察那些让你觉得'很有意思'的人，你会发现他们的谈吐富含未知领域的内容，能让人大开眼界，学到很多自己不了解的事情。"成为一个可以提供新鲜信息的人，就能极大地带动自己弱关系的流动，增加关注度。

我的很多朋友都有这种感觉，他们做生意认识许多陌生的人——也许每个工作日就能收到十几张名片，加几十个微信好友，但在半年后仍然让他们记住的人，都不是那些口才最好的，而是在交谈时最有"料"的。在一种稳固的关系中，总有双方需要的信息在流动，彼此提供有用的资讯。

第一，开阔眼界，从互联网学习新的知识、努力融入新的环境，是我们要一直追求的。落后于这个时代的人，无法为别人提供信息，自然就乏人关注。

第二，提高自己社交中的趣味性，不要总是那么"一本正经"，改变这种传统的观念吧！让自己成为一个有意思的人，你会发现关注你的人增加了很多。

第三，不要封闭，也不要对向你求教的人守口如瓶。假如你知道一些事情，不妨多向人提供帮助，对你来说这是举手之劳，却能帮别人解决很大的问题。

对陌生世界保持开放心态

·我深深地热爱着这个世界，因此这个世界也会爱我。

·我始终坚持成为一个有趣的人，因此我也能吸引到同样有趣的人来关注我。

·我真诚地赞美那些我喜欢的人，因此他们也会来赞美这么真诚的我！

多年来，我一直坚持开放式的社交文化。不管在与人交往时遇到多大的误会，遭到了多么难堪的误解，我都没有放弃过这个原则。因为我清楚，只有当你长时间地对世界保持开放和真诚时，世界才会在最后给你一个同样温暖的回报。

在新的观念中，我们要对社交的目的稍作更改——当你参加一个社会活动时，交往的兴趣不是那些已经认识的人，而应是那些你尚不认识的陌生人。要用我们的眼睛和心灵关注陌生的世界，那里潜藏着这个世界99%以上的奇妙之处，都是你尚未了解的。如果你能勇敢地走向它，你的人生将得到彻底的改观。

有一份研究显示，仅有不足10%的人会重视社交媒体对陌生群体的作用，有90%的人仅仅把社交媒体作为熟人关系网的交流工具。而这可能是弱关系社交难以真正发展起来的根源之一。我们就像习惯温室的孩子，熟悉了房间内的一切——玩伴、玩具和亲人，而对房间外的人和物充满警惕。例如，人们总觉得陌生人是危险的，所以陌生世界也注定很不安全。

出于对安全的考虑，或者与每个人的社交喜好有关，陌生群体和弱关系资源在互联网时代仍不受主流人群的重视。但不管如何，不愿意走出温室，对大多数人而言，都是他们难以为自己的人生带来颠覆性改变的根本原因。

除了个体外，企业对弱关系资源的开发似乎也不如预测中乐观。克林格通过研究发现，在2015年时，只有40%的大型公司具有了相当于一个企业规模的内部的Facebook网络，有60%的企业仍然对鼓励员工使用社交网络的做法持排斥态度。这正是大多数企业失败的主要原因，企业内部超过70%的人忽视了社交网络的作用——对内部协同、上下级沟通和陌生客户的开拓产生了等不可估量的强大作用。企业家、中层管理和雇员本身都不倡议使用社交网络来进行发展，或者不建议将社交网络置于至关重要的位置上。这无疑阻碍了我们开发陌生世界的速度，错失了大量的机遇。

我们知道，很多成功的人士都实现了工作、生活的完美平衡。他们共同的特点就是有一种观念上的共识——他们明白开放的态度有多么重要，尤其是在对待社交网络的作用上。承认社交网络对于一个人、一家企业融入世界的影响，就等同于承认互联网时代工作方式的巨大变化。

在这种变化中，开放性已不可拒绝。谁拒绝与陌生世界的链接，谁就会被这个时代淘汰。

要迎接变化，不要抵制变化

克林格说："当变化到来时，不要抵制它，要靠近它并懂得如何在变化中充实自我，融入这个新的世界。对于企业和个人来说，对待全新世界的方式，决定了我们能否适应新的时代，而不是被它抛在后面。"

我们可以举一个真实的例子。飞利浦是一家引领全球消费者生活方式的企业，它的前任首席信息官（CIO）马腾德弗里斯老早就意识到互联网社交网络将极大地改变企业经营的方式，也将把过去的沟通与营销观念击得粉碎。因此，他鼓励员工使用网络平台开展工作，与客户沟通，比如Facebook、Twitter和Yammer等。

他说："如果你们发现不需要走出办公室就能和客户轻松地聊天，那么就大胆地使用这种工具。"

社交网络让企业的内部沟通与外部营销发生了翻天覆地的变化。当飞利浦发现这一方式的好处时，选择了跟上变化。马腾德弗里斯让团队保持开放性，探索企业协作的解决方案，最终选择了Socialcast作为企业的社交网络。于是，他们在短短的八个星期内，就超过了前一年底制定的10000个用户的目标。在社交网络的帮助下，他们对陌生市场的挖掘能力强大得惊人。

因此，我建议：

第一，你需要对社交环境在未来的动态变化有超前的思维和判断力，要看到它对我们的生活、工作正在产生的强大作用。

第二，你要去思考如何利用社交网络帮助自己成功地开拓新业务、认识陌生客户，而不是盲目地抵制互联网社交平台给自己带来的"打破熟人关系网后的不适感"。

"意外之喜"来自我们开放的心态

1991年的8月，成长青从美国的旧金山机场飞往蒙特利尔。在飞机上，他遇到了一个似乎在某个聚会上见过的人。随后，他决定主动过去打招呼。经过一番寒暄，两个人开始互相交流各自的工作和生活。

这个看起来有些陌生的朋友正担任多伦多道明银行的人事部经理，在了解了成长青的性格和能力后，他主动邀请说："我认为你是一个很优秀的人，不知道有没有兴趣到银行工作？我们银行正需要一位你这样的高级客户经理。"

于是，成长青加入了加拿大多伦多道明银行工作担任高级客户经理，负责协助电讯业和矿产业企业做融资业务。在多伦多道明银行的两年，为他今后在金融行业的发展打下了坚实的基础，而这次机会正是来自一次跟陌生人的"偶遇"以及他本身就很优秀的社会交往能力。

现实中，我们每一个人从早晨睁开双眼到深夜躺到床上，这期间的十几个小时所算计的、努力的、祈盼的，似乎都在渴望获得某种人生的"意外之喜"：

·走投无路时，突有贵人相助。

·苦思无策时，忽然天赐良机。

·正想换工作时，接到薪水丰厚的邀约。

……

诸如此类，人们总想渴望获得额外的帮助，尤其是在用尽自己资源依然难以取得成功的情况下。有多少次，你是在深夜的阳台上抽着闷烟，期盼发生这样的奇迹呢？但是，如果你对于接触陌生人和外界社会始终怀着一种保守与排斥的态度，不愿相信陌生人，不想与他们建立链接，又怎么可能有机会得到意外的收获呢？

能收到意外之喜，首先要对外部世界持有开放与包容的态度，而不是拒绝、警惕与排斥。你不关心陌生人，不对世界展示你的善意，不能接受环境的变化，就等于关闭了融入未来的大门。那么，在你的人生中就很难有什么惊喜了。

陌生人计划

如何让自己用正确、健康与安全的方式融入外面的陌生世界？简化到行动路径上，我们需要的是一个有效的策略。跟陌生人打交道与跟熟人打交道不同，除了考验你的人际交往能力之外，还涉及心态、技巧、涵养等多个层面的问题。陌生人对你来说是弱关系，你对于他来说也是弱关系。每个人对于弱关系的需求是不一样的，同时又决然不会很快地让你看到底牌，这种局面是由人性决定的。因此，与陌生人打交道，我们需要一份明确的计划。

第一，要仔细地观察与分析双方的需求。一般来说，我们可以在建立链接之前就有理性的判断与观察，通过分析，找出与我们的需求相近的人，再尝试与他们发生联系。最好的情况是，我们与陌生人有两三个可以切入的话题以及相同数量的共同需求。

第二，要比对方更坦诚与从容。越是对陌生人，就越要直截了当和大方自然。不要绕弯子和顾及面子，这不是一个好方法。无论你要给予的信息有多糟糕，或者要面对多么艰巨的现状，第一时间坦诚地告诉对方，从容地应对接下来要发生的事情。坦诚让我们赢得尊重，也能让自己处于从容的境地。

第三，要用开放的态度占据主动。在与陌生人交谈和共事的时候，应该注意通过开放式的形式让对方看到无数的可能。封闭和保守只能置你于被动，开放才能使我们占据引导者的主动位置。直白地说，接下来会发生什么？争取让自己说了算，体现出掌控力，弱关系对我们才是有用的，方能任你取己所需。

第四，要尽快找到双方的交集，而不可涉及隐私领域。不要强求对方讨论他不熟悉的话题，或者只是索取而不能提供对方需要的东西。这就要求我们从一开始就找到双方的交集，并且尽力避免涉及双方过于私人的事情。不要让对方感觉你会侵犯他的隐私，要让自己成为一个可以给人安全感的人。

第五，要专注，并让对方感觉到。专注是一种优秀的个人品质。在与陌生人共事时——聊天或工作，无论周边的环境是否嘈杂，我们都应该百分之百地保持专注，并让对方感觉到这种专注。因为专注是对一个人最好的尊重。

当然,在我们的"陌生人计划"中加入开放心态,并不是要你轻易地相信陌生人,或者到处随意地结交新朋友。开放是一种严肃的态度,代表着我们宽阔的视野与接受多元文化的好奇心,而不是"降低我们的智力水平"。

在开放的基础上,我们再去提高自己的"社交才能":

·外向的处理方式——对外界的变动保持敏感,能听出一些弦外之音。

·强大的理解力——能够理解与包容与自己价值观不同的人。

·掌握批评的才能——善于委婉有效地批评他人,并且可以接受批评。

·高超的情绪管理才能——有稳定的情绪和良好的自控力。

美国国际数据集团(IDG)是全世界最大的信息技术出版、研究、发展与风险投资公司。它的亚洲区总裁熊晓鸽就是一个很擅长与陌生人打交道的人,他拥有卓越的聚拢弱关系的能力,因此才能加入这家公司。

1988年中秋,熊晓鸽在弗莱彻学院读书时,时任中国信托集团公司董事长的荣毅仁应邀来演讲。在这次宴会上,美国国际数据集团的董事长麦戈文在和荣毅仁的交谈中,熊晓鸽正好是两个人的翻译。就这样,他认识了麦戈文。毕业以后,熊晓鸽给麦戈文打电话,想采访一下这位有过一面之缘的"陌生人",聊起了对中国市场的看法,他们聊得非常投机,相见恨晚。

于是,两个人很快就见面了。麦戈文拿出了一本《微电脑世界》,

请他写一份杂志的业务分析报告。几天后，麦戈文回复熊晓鸽："你的报告写得非常好，我现在正式邀请你加盟IDG。"

熊晓鸽凭什么打动了麦戈文？对一个陌生人来说（虽然做过他的翻译），短时间内就做到深入了解是不可能的，对方也不可能投入太多的精力和成本来对他做一次全面深入的调查。决定最后结果的是他给予对方的第一印象，这是打动陌生人的关键部分。在这个过程中，熊晓鸽充分地展示了自己对行业的见解，并表现出了不凡的沟通技巧，然后收获了一个大礼包。

如何"小成本"地开展你自己的"陌生人计划"，是一门复杂的艺术。但只要你明了弱关系的本质，懂得驾驭这样的过程，及时地与对方形成信息交换，展示自己的开阔的视野与真诚的态度，我相信，任何人都能获得一个良好的结果。

开阔自己的眼界

我们需要对外开放自己的心态，也要开阔自己的眼界，了解新的知识，学习新的技能。要改变过去保守的观念，尤其是"觉得自己已经很聪明了"的优越感，积极地向身边的人请教，参加他们的讨论，并在陌生人面前保持虚心。

眼界狭窄造成的危害是什么？我有一次参加某个商业论坛，与会者有几百人。我们知道，在这样的大型论坛上，90%的人都是"陌生人"——有些人你根本不认识，还有些人则是听说过名字，看见过照片,但你们从来没有交流过。在这样的环境中,为了引起更多的注意,有的人格外积极地表现自己,但却采取了错误的办法。

有一名创业公司的领导者,特别亢奋地加入到了群组的讨论中。他还不到三十岁,年轻有为,但是十分钟后就让人失望。因为他在讨论中不断地告诉别人自己读了多少书,读过哪些书,而且报出书名和作者,并询问别人有没有读过,有没有听说过这些作者的名字。人们都很尴尬,十分钟后讨论就散了。尽管之后他又加入了别的讨论,但一天下来,他并没交到一个朋友。

炫耀自己的知识就是眼界狭窄的表现,也是"封闭心态"的表现。这一心态的根源是他认为自己已经足够出色了,因为"读了很多书",而且"自己报出了书名,别人却无法回应"。有的人据此认为自己是优秀的人,但恰恰是这样的行为,使他在人们眼中的形象被扣除了很多分数。

换句话说:这样的人在社交中是没有价值的,因为他不懂得向更优秀的人学习,也缺乏对世界足够的尊重与敬畏。

在现实生活中,我们要多参加一些有实质意义与正面回馈的社交活动,例如,加入一些知识化与实践化相结合的社群,找到更多志趣相同的人,实现与他们的联合。在参与社群活动时,你可以与陌生人共同去做一些有趣、有内涵、有前景的事情。通过一个具体的活动或项目,结交那些工作中表现出色、有创业想法或有其他不凡观点的人,他们必然能够给你带来一些社会和企业的信息,互相开阔眼界。

立足强关系，拓展弱联系

我们现在写出世界上的任意一个人的名字、住址、工作和身份，你会看到他和你的关系不外乎以下的几个标签：

血缘关系：父母、孩子或其他亲属。

日常工作联系：同事、客户、合伙人及其他事业伙伴等。

志趣相投的朋友：经常一起聚会、旅游、参加体育活动的好友。

邻居：同一个村、同一小区、同一栋楼的邻居或社区干部等。

同学和老师：在学校时的联系人，包括同学、老师和学校各级领导，及由此产生的其他联系人。

伴侣：未婚夫妻和夫妇。

陌生人：拥有无限可能，但尚未发生联系的人。

在这些关系中，既有强关系，也有弱关系。在潜意识及平时的思考、行为中，我们一般将人分为三个等级：高于自己，平于自己，低于自己。一般而言，我们喜欢把高于自己的人置入强关系的核心区，重点进行维护；将平于自己的人放到强关系的边缘区；将低于自己的人作为弱关系踢出强关系的社交网。比如,有人会将企事业部门的领导和成功商人视为重点强关系,集中主要资源拼命巴结。但这种关系并不是朋友。只有在平级之间,才有可能出现自然的朋友关系,否则不是你有求于别人,就是别人有求于你。

这就是说,在人们的常识中,只有不断提高被别人利用的能力,才能认识更高能力的人。但是现在,你要对这样的观念做一次手术,要对自己申明两个词的重要意义:

第一,资讯。今天及未来的世界是"资讯时代",推动我们进步的是"信息",不再是过去所界定的"能力"。所以,你认为低于自己的人,可能掌握着你不知道的信息;你重点经营的强关系和重要人物,也许对某些领域一无所知。

第二,视野。为了获得尽量多、新、有效的信息,我们必须拓宽视野。从强关系的核心区走向边缘,再跳到社交网的外面接触无限的世界,就是为了拥有360度的视野。在未来,一个人的视野比他的身份、朋友的地位、财富的总和都重要。视野有多宽,你能接触到的信息就有多广。

审视自我定位

在社交链中,每个人都有一个独特的位置。有人高一点,有人低一点,就像生物世界的食物链一样。也许你在这个价值链中居于很高的位置,也许仅能屈身角落,这都没有关系,重要的是,你要对自己有一个清醒的定位。人有了自知之明,方能发现正确的前进路线,不至于沉溺于事物的假象中，每天糊涂地做事，或者糊涂地交友。

一个人能力的分类有许多种，对自己的每种能力都要仔细审视，有一个客观的定位：

·业务能力：和工作有关的潜质和能力。

·社交能力：结交新朋友与经营社交网的能力，比如，与另一个条件与你类同的人相比，你能否使别人更愿意结识你而不是他？

·个人魅力：包括性格、内涵、形象与沟通等，比如，你是否善于聊天？谈吐是否幽默？是否有足够强的号召力？

·提供价值的能力：在别人眼中，你是否乐于助人，愿意为他们提供宝贵的机遇或信息？或者能否在人和人之间起到桥梁的作用？

对这四项能力进行重新检查，然后再审视自己的既定方针，看看双方是否共融，找出阻碍自己计划开展的问题、矛盾。这时你才能找到自己需要的信息，知道应该向什么人请教，如何增加朋友的数量，或去什么地方拓展弱关系。

一个人自我定位错误，将出现什么局面？

几年前，我的一名下属孙先生的故事很有代表性。孙先生是一个才华横溢的年轻人，来我的公司应聘时，刚从大学毕业。面试时，他和我足足交谈了四十分钟，详细讲述了他对这份工作的看法、未来的理想等。他有强大的自信，同时也有很不错的潜质，这是公司当时决定录用他的原因。

但是不到两个半月，孙先生就离职了。他的理由是要去更好的平台发展，觉得公司没有给他足够大的空间。例如，孙先生在工作期间通过网络交到了许多高质量的朋友，积累了一些业内的关系，因此获得了一些信息，让他做出了可以跳槽的判断。

我非常珍惜孙先生这个人才，就把他叫到办公室，和他谈了半小时。我分析了他的情况和未来的前景，以及正确的职业规划："你是一个有潜力的人才，我相信你的未来不可估量。你思维敏捷，沟通能力强，也很擅长社交。这是你的优势。问题是什么呢？第一，你缺乏经验，对这个行业的了解可能还不到10%，在业务上也尚需积累、沉淀；第二，你作为一个刚刚大学毕业的年轻人，对现实的社交还缺乏洞察的理解，在不清楚具体细节的情况下，最好不要轻信别人的邀请，轻率地辞掉这份工作。所以我给你一个建议，再在公司磨炼半年，届时如果有离职的想法，我可以帮你介绍一个去处。怎么样？"

无论如何，出于对人才的欣赏，我既尊重他的想法，同时又客观地阐述了他面临的问题，最后又给出了我的计划。但是，这并没有说服孙先生。他很快办理了离职手续，去了上海。我们有七八个月的时间没有联系，随后他在一个深夜在社交平台主动给我发了信息，简单介绍了他现在的状态：情况不太理想。到了上海以后，他在别人的引荐下，成功地进入了那家大公司，拿到了比过去两倍高的薪水。可是实习期结束时，该公司并不准备让他转为正式员工，他的上司认为孙先生的能力与公司的要求还有很大差距。

就这样，孙先生为自己"过高的定位"付出了代价。这说明，在自我定位错误时，我们从弱关系那里得到的信息就可能起不到正面的作用，反而会对你有所损害，因为它极有可能诱导你做出错误的决策。因此，在拓展弱关系之前，先审视自我的定位是否正确，是非常必要的一个步骤。

改变与人接触的方式

人和人之间的接触方式也有许多种。

·单方有意接触。

·双方都有意接触。

·自然接触。

·社交平台接触。

在传统社交中，人们多通过前三种方式与人接触，维系社交网，增加朋友，认识陌生人，等等。有了互联网社交工具以后，第四种方式逐渐流行起来。这时，我们与人的接触过程中有了技术的力量。技术根据你的需求有选择地推荐，可以实现即时链接的效果。大量的强关系解决不了的问题，你可以在社交平台用几分钟的时间便可找到能帮助你的人。

改变过去的接触方式，本质上是督促我们面向互联网，接纳弱关系成为主流社交形态的事实。在新的接触方式中，互联网是新型人际关系的催化剂，我们的性格或个人魅力通过社交网站、即时通信工具的推动，以超越过去百倍、千倍的速度传播出去，实现与陌生人的链接。这几乎可以为你解决现实中的一切难题。

互联网的社交形态使我们离开熟人关系网有了最大的可能性。你的个人魅力与性格无疑能用最快的速度让更多的人知晓，为你争取过去不敢想象的关注度。在今天，一个普通人不需要花钱做广告、上报纸就能成为明星，在互联网上拥有几百万粉丝；一个乐善好施的人不必再像过去那样成为熟人关系网的冤大头，而是可以在互联网上建立远播千里的好名声，高贵的品质让他的社交网门庭若市，无数人希望与他接触，成为他的朋友。

当你读到这里，准备面向未来时，你知道如何重新设计自己的社交战略了吗？你知道怎样才能在强关系的基础上，同时获得取之不尽，用之不竭的弱关系资源了吗？如果你在昨天已经为自己落伍的观念付出惨痛的代价，那么，你就应该在今天正确地审视现状，汲取教训，不要再用经营熟人关系网的方式对待外面近乎无限的弱关系。

拓展弱联系的规模

最大化地利用社交资源，扩大弱联系的规模，打开强关系与弱关系之间的通道，我们需要做什么？

第一，你要有一双慧眼，能够看到每个人的"利用价值"。这个"利用价值"不是功利的，而是出于双方自然的需求。你们彼此互有需求，可以共同发展，互相协助。这种价值有性格上的，也有技术上的，还会关系资源上的。比如，你是一个踏实、勤勉的人，他是一个有专业知识的人，另一个人则拥有许多资金上的人际关系。这时，你们三个人就有了共同的"利用价值"，能够将三个人的努力、技术和资金结合起来，做一番事业。

第二，你要能在第一时间看到对方的关键需求，并能给予满足。关键需求就是人的死穴，是他们对这个世界最大的依赖。如果你能满足这种需求，他们就能为你所用。创业者需要资金，考试的学生需要学习资金，想开车的人需要驾照，想在北京买房的人则需要一个购房资格，等等。这些都是人的要害。即使你无事求他，也可以思考并使自己具有解决这些需求的能力。这种能力可以带来无穷无尽的链接，这也是一个人可以聚拢更多关系的核心价值。

第三，懂得简单、善意、宽容与感恩。最容易、最长久和最可靠的处世态度是要懂得简单、善意、宽容和感恩。人们都喜欢这样的人，所以不要活得太复杂，也不要用烦琐的思路去跟别人打交道，而要带着善意去理解对方、宽容对方，并成为一个有恩必报的人。在现实中，具有这四种品质的人往往拥有强大的人际关系，他们的弱联系也是十分广泛的。如果你也能有这样的处世态度，就能很快拥有自己的充实的弱关系宝库。

第四，至少让自己拥有一种稀缺的"被用之处"。做人一定要"可用"，就是说，不管在何种环境中，都一定要有自己的"被用之处"，哪怕是最简单的用处。要从小处学起，没有也要学出至少一种，这能保证你在竞争激烈的环境中有起码的立足之地，不至于还没发出声音就被踢出门外。不管在哪里，"被用之处"都是让别人与你建立链接的基本保障。简而言之，"不可用"就等于没有能力。

第五，要成为善用互联网联系工具的高手。如何才能抓住在茫茫人海中与万里之外的人建立深度联系的机会？除了传统方式，我们要借助互联网的力量。在互联网的世界中，不要害怕被拒绝，"干脆的拒绝"总比"浪费时间等待"要好。所以有活动、有机会时，就大胆地提高自己的被关注度。因为你不参与，一定有别人参与，这是聚焦的机会。假如你需要帮助，应该让你的微博、微信等联系方式大展神通，让人们看到你，然后和可以帮助你的人发生联系。在互联网时代，沉默是最坏的方式，"酒香不怕巷子深"的时代已经一去不复返了。

第六，立足强关系，去接触和拓展高端弱关系。在我们的强关系中，存在着链接弱关系的好机会。熟人的某个不知名的朋友，或许就能带你进入另一个优质的社交网，接触到高端人际关系。因此高端的社交网总是由熟人介绍组成的，而不是互联网。高端的弱联系一旦形成，就有向新的强关系演化的趋势，因为这样的关系必然会发生深度的利益交换。

思考：弱关系的"随机而遇法则"

我们知道，随机性意味着这个世界的每一个人都可能随时与你建立联系。比如网络上、生活中的泛泛之交，在宴会中偶遇而产生交流的陌生人，在微博或者微信短暂互动的网友，这些链接具有随机性，但可能给我们带来了意想不到的大帮助。这就是弱关系的"随机法则"。

弱链接具有极强的随机性与触发性

每个人的生活和工作中都有很多的弱链接，有的你发现了，有的则被忽视。这些弱链接在小世界中具有随意性和极强的触发性——它不是有预谋的，也几乎没有一个按部就班的过程，大多时候它也不是理性的。比如，我们在自己的微博或微信中添加好友，在个人网站中添加朋友和陌生人的链接，或者因某篇文章关注一个公众号，然后你就可能与他们发生联系，或经常访问、关注这些链接。从一开始，这种链接就是随机的，而不是你制订已久的计划。

通过这些链接，你发现自己又与更多的人、个人网站和公众号建立了联系。每一个链接都是一个中转站，他们既独立又互相串联，和你一起结成了一张无限的大网。仔细看看，这样的关系网是不是像一张宇宙全景图？每一个人、每一个链接就是一颗发亮的恒星，充分地串联起这些恒星，就构成了一个无限的丝状的星空。因为这个网络，世界变小了。我们可以在这个网络中随机地联络任何一个人，理论上可以看到、得到每一个链接点的信息。

弱关系是以信息为基础的价值交换

二十六岁的年轻人凯尔做了一次弱链接实验。他用一根红色的回纹针，研究在经过了十四次交换之后，会发生了什么事情。他为自己换到了一栋位于加拿大肯普林小镇的豪宅。一根针的价值是很小的，怎么能为他换来一栋豪宅呢？通过他的交换过程你会发现，除了这个突发奇想的点子以外，交换中基于弱链接网络所具备的随机性让这根原本价值不大的回纹针逐渐升值，变成了一个受万众瞩目的传奇。

因为在每一次的交换中，这根针都把人们不同的需求链接起来，创造了巨大的价值。换句话说，让人们链接下去的驱动力不是金钱，也不是彼此的血缘（大家都是陌生人），而是以信息为基础的价值交换。人们从这根针的传递中得到了信息，实现了某种价值。于是，这根回纹针就因为这些随机的链接而最终拥有了一栋豪宅的价值。

对于一般人来说，通过这些随机的弱链接为自己的工作或是生活带来的不是金钱，至少它没有直接为你带来物质，而是帮助你快速获得了一些意想不到的机会或者资讯，这些统称为信息。信息承载着价值，最终助你解决了某些棘手的问题。在强关系中，这是很难的事情，但在弱关系的世界，只要你找对了人，就是一件轻而易举的事情。

构建自己独具特色的"价值体系"

在本章的最后，问自己三个问题：第一，我能提供什么？第二，我需要什么？第三，我如何评价自己？回答这三个问题，为自己画出一幅基本的社交图谱。即，我是一个什么样的人，自己有什么优势与缺点。

这三点决定了我们在社交中的坐标和方向，组成了我们的社交DNA。在弱关系的世界里，我们能拿来交换的不是血缘亲情，也不是亲密友情，而是我们能对他人提供帮助的东西。通过确立自己的定位，分析自己的价值，找到一个明确的方向，然后你才能制订正确的计划。

一个人对他人的吸引力并非完全来源于他在某个领域的过人能力，而是他所独具的个人魅力。比如包容、善良、开放、想象力及幽默等。要将这些特点融入自己的"价值体系"中，吸引弱关系的链接，扩展自己的社交网。有一句话说得好："向山走过去，让山走过来！"既要积极主动地拓展弱链接，也要提升自己的个人魅力，吸引更多的人主动与你链接。我们要让自己成为社交舞台上闪光的中心点，而不是一个黯淡无光的边缘人物。

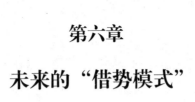

第六章

未来的"借势模式"

一传十、十传百的口碑风暴

现在，我们生存的世界是一个被大量信息包围的"信息海洋"，从睁开眼睛的那一刻起便信息泛滥。对于每天无处不在的广告轰炸，人们已经习以为常了。打开电脑和手机，随处可见商业推送信息，社交平台也是广告传播的主要渠道，比如微博推送。在信息过量的情况下，人们对与商业有关的广告逐渐产生了免疫，逛街时对广告牌视而不见，看电视时习惯性地忽略广告，电脑和手机也开始安装广告屏蔽软件。只有在听到亲朋好友的推荐或接收到联系人的购物链接时，才会对特定的商业产品有所注意。

同时，消费者在想购买某一类产品时，不再相信电视或网上的广告信息，连明星代言也将信将疑。这时人们最先想到的、最喜欢做的就是向亲朋好友或者同事咨询，请他们推荐相关的可信产品。这就是口碑的力量。

在口碑营销中，强关系和弱关系都发挥着巨大的作用，尤其是以广泛的弱链接为基础的社交联系人充当着产品传播的主力军。一个好的产品被人们接受后,它的优点就会一传十,十传百,通过口口相传、微信、微博等迅速红遍整个市场。而且,这个过程是低成本的,厂商完全不需要像传统的营销手段那样刻意地投入大量的人力、物力,既节省了资金,又取得了传统手段难以匹敌的效果。

因此,如果我们能够及时利用这些年互联网技术对于营销形态的改变,就会在商业营销中大有斩获。互联网社交的出现,理论上可以让你在一秒钟内与地球上任意一个角落的陌生人建立联系:

和他打声招呼。

发送一张图片或一段文字。

加他为好友。

通过查阅社交账号的个人资料,了解他的基本信息。

讨论任何话题。

……

人们手指一动,就能让世界另一端的某一个人知道你所知道的一切事情。假如一百个人、一千个人、一万个人同时讨论一个问题、一个产品、一个消费信息呢?这将创造多大的信息量,引发多么宏大的传播效应?

利用口碑传播的间接手段,商家已能低成本地激发潜在消费群体的好感,在市场上制造一种流行。这时,弱关系从一种人际概念转变成了市场概念,它赋予了营销新的活力。值得一提的是,口碑的传播是富有人情味的营销形式,能为产品赢得更多的消费者,并不被人们反感。

弱链接推动"口碑效应"

2008年夏天,奥美广告公司为康师傅冰红茶制作了一个名为"HAPPINESS ANYWHERE快乐不下线"的主题推广活动。这一品牌的目标消费群定位于当今青春、活力的一代,也就是"90后"群体。音乐、体育、影像、聊天、交友、游戏是他们上网的重要习惯,"90后"追求时尚,事事敢为人先。于是,策划者选择猫扑、人人网、腾讯、淘宝以及重要视频网站,与之展开深度合作,结合各网站的特点及年轻群体的使用习惯,量身定制活动。

例如,他们在猫扑网推出了"漫画真人秀"活动,让网友上传图片故事或给剧本配旁白……利用其娱乐互动社区黏稠度较高的年轻社群,利用他们的创新意识、搞怪爱好,激励其参与。两个月内,策划者就收到上万件作品。同时在人人网,他们推出了"晒照片、乐翻天"的活动。通过推行"一键式"参与法,最大限度地简化操作,激发用户的参与乐趣,再配合人人网的传播机制,推动好友与联系人间的"二次传播",参与人数超过了四千人,收到的有效作品也不断增多,使冰红茶产品的形象更加深入人心。

在视频网站上的推广也充分参考了互联网社交与流量聚集的特点。比如,策划方在酷6网上开展了"达人串串秀"的活动,选择了四位有影响力的网络红人,召集跨行业、跨年龄、跨国籍的网友视频接龙,用简单新颖的创意传递欢乐,让更多网友与冰红茶亲密接触。与腾讯的合作则推出了冰红茶产品与QQ企鹅形象相结合的魔法表情主题包,供网友下载,最后取得了高达三百多万次的下载量,其间有大量的用户主动转发，加快了传播速度。

这一系列活动搞下来，冰红茶产品很快就铺满了市场，取得了积极的口碑效应。因为整个营销的过程都是由网友在参与中主动完成的，没有人强迫，也没有人花钱雇用他们硬性推广。网友的每一次点评、分享和转发，都是基于自己真实的体验，这无疑给了别人非常有力的触动感，让这款饮料产品在市场上站住了脚。所以，冰红茶产品从此火遍全国。

这是弱关系营销的典型案例，是一次由弱链接推动的口碑效应。口碑效应是由于消费者在消费的过程获得的满足感、荣誉感，并由此产生的向外逐步递增的"口头宣传"的效应，有了互联网平台的加入后，这种自发的传播效果翻倍增加，有时可以让某件事在一夜间传遍全国，甚至到达世界的每一个角落。

为何口碑如此重要？

第一，一种服务或产品的好口碑，不仅在于让客户满意的结果和产品本身，更多的是要满足客户对于消费过程的挑剔。

第二，客户的消费体验只有在大规模的传播中才能真正得到验证，同时被检验的还有产品和服务的质量。有多少人愿意自觉自愿地传扬你的口碑？即便只有几千人参与进来，对一个产品或一种服务的褒奖所产生的正面宣传效果也是惊人的。

第三，在口碑的传播中，我们要同时满足人们的三种需求，一是产品，二是服务，三是附加值。这三者缺一不可，而且每一个细节都会在人们的自发传播中经受重重考验。

"接触点"无处不在

在裂变式的传播中，每一个转发的人都在事实上成了一个新的"接触点"和"发送点"。这些人和你没什么关系，但他们看到了一种好的产品，有了愉悦的体验，然后告诉别人。他们未必是通过电话告诉自己的亲人和朋友（这是单向式的点对点），而是有可能写一篇体验微博或在微信上发一个感慨。于是，每一个人的转发和推送，都可能立刻被几十、几百乃至成千上万的人看到，然后继续转发出去。

在一系列网络活动的推广中，康师傅的冰红茶饮料利用弱链接的接触点在极短的时间内，就取得了目标消费群的积极回应。不到两个月，广告的总点击量就超过了840万次。这是一个无比惊人的数字，是传统广告无法比拟的。

弱链接的"接触点"具有两个显著的特点：

第一，分布于不同地区、网络终端的每一个接触点所获得的信息都是碎片化的，有时并不是完整的。

第二，弱链接的接触点无所不在，且没有时间、地点、年龄和性别的限制，接触点具有完全的自由属性。

所以，尽管每个人传播出来的可能仅是一些特定的信息碎片——有的人转发了产品活动的奖励信息，有的人则重点关注了参与形式，有的人向朋友分享的是产品的价格和优惠，等等。但这些信息碎片在宏大的传播规模中，逐渐在消费者的心目中合成了一个完整的概念，塑造出了产品的品牌形象，最后深入人心。

商机：只见过几面的陌生人

2008 年的冬天，我在北京开了自己的第一家产品体验店。我们都知道，现在手机、电脑等产品非常流行体验文化，但在当时，这还是一种比较冒险的商业理念，更何况我的体验店卖的不是娱乐性强的电子产品，而是一些文化商品：书籍和地图等。

关于店铺的风格，在设计之初，我和合伙人就一直在讨论未来的市场空间。他对前景的担忧不无道理："即便是市场需求量很大的东西，现在开实体店也不是很好的选择，越来越多的商家都在通过网络走货，更何况我们卖的是冷门产品。"

就这样，体验店在我们的重重忧虑中开业了。但我坚定地认为，不管多么困难，体验文化都是未来的一个大趋势。最重要的是，我们必须度过前期较为艰辛的阶段。开业之初，我的心情也很忐忑，因为第一周没有成交一笔生意，连 5 元的卡通地图也没有卖掉一份。两周后，我们的成绩单是六本书、四张地图、十五张好莱坞经典电影的纪念海报。

合伙人算了一笔账，按这个日均收入持续下去，一年后我们将赔掉

90%以上的投资，血本无归。怎么办？当时，这个问题每分每秒地在我的脑海中回荡。为了摆脱困境，我们开始做推广，方法不外乎：

· 雇人到街上发海报、优惠传单。

· 网上做广告，进行定向推广，公布店铺的地址和经营特色。

· 请营销团队制定全方位的市场营销策略。

两个月过去了，这些方法起到了一定的效果，但并不明显。销售成绩有所提升，也只是从每周八本变成了十二本，从每年赔90%的钱降低到只赔70%。这不是长久之计。所以体验店开了七个月时，我第一次有了关掉这个店的念头，专心做自己的产品投资生意，而不是摆弄这个店铺。

事情的转机出现在一位顾客吴女士身上。有一天，吴女士到我的店里，合伙人接待了她。她经过附近，车正好坏在了店门口。等人来拖车时，她出于好奇便进店一观。吴女士顺手买了几样东西，觉得很有意思，称赞了几句。合伙人又送了她几张纪念海报，还有一个体验馆的介绍：在体验馆，可以重温许多经典电影，并用高科技设备"听读"一些名著。

吴女士很感兴趣，但时间有限，没来得及细细体验就走了。隔了两天，店里就来了六七位女顾客，正是吴女士和她的朋友。她带着朋友专程赶回来体验我们的服务。整个下午，店里的雇员都沉浸在亢奋与幸福之中，因为这是我们的体验馆项目首次迎来真正的顾客。

这是生意"真正的开始"——吴女士和她的朋友成了我们的"宣传大使"，不是营销公司，而是这几位陌生人推动我们的生意走出了成功的第一步。她们对这次消费非常满意，然后去网上写了自己的感想，分享给更多的人。这些真实的消费体验，远比几则狂轰滥炸的广告管用。

现实总会让你认同这个观点：我们和陌生人的搭讪，或者为陌生人提供的一些超值服务，经常能够换来意想不到的商机。因为陌生人作为一种弱关系，在宣传上比强关系更能给予大众可信性，他们的推荐更有说服力。相反，在替我们宣传时，强关系在人们眼中经常是毫不可信的。人们毫不犹豫地将这种行为视为"托"，因为这类行为的确时有发生。

国内有一个人在公路旁边开了一家食材店，他是卖养殖鸡和鸡蛋的。开业后，生意一直很红火。朋友和同行都很奇怪："这种生意并不好做，十有八九会赔本，你不但没有亏损关门，反而一直这么赚钱，你是怎么做到的？"

他说："我不想向大家炫耀，但我说一下原委，也许对你们有帮助。店开业的前几天正好降温，天气很冷，没有一桩生意，我就躲在屋里烤着炉子打游戏，忽然听到门外有人聊天，我出去一看，原来是两位外地人在国道旁等车。那条道上的过路车是很少的，说实话，不是做生意的好地方。由于天气极冷，他们的衣服又单薄，两个人冻得全身哆嗦，我就把他们请到了屋内，倒上两杯热茶，一起坐在炉子边攀谈了起来。他们问我做什么生意，卖什么东西，我一一作答，后来他们提出来看一看店里卖的鸡和鸡蛋，临走前，执意要买一些。我说，你们是小店的第一单生意，就不用付钱了，我给你们每人送一份。几天过后，店里来了一个客人，一进门就说，他需要300只鸡、1000枚蛋。细聊之后我惊讶地得知，原来他是几天前那两个人介绍过来采购的，而且是要长期地大采购。"

　　这个生意人是幸运的吗？有一部分运气因素，但他善待陌生人的举动为自己赢得了机遇。那两个等车的人回去以后，炖了鸡，煎了蛋，感觉味道很好，于是大肆地宣传他这里卖的东西，并推荐给了朋友——某食品公司采购部门的主管。这个人品尝以后，也觉得很好，便慕名前来采购，和他定下了长期的订单。仅此一个客户，就足以保证他的生意赚到大钱。

　　这表明：弱关系的商业潜力是无穷的，只要你对身边的陌生人保持关注。正是那些只见过寥寥几面的人无意中决定了你的生意的生死，给你带来一些重大的机遇。就像我的体验馆一样，一位陌生女士串门式的体验，成了把产品和服务传推出去的驱动力，使得顾客盈门。有时，这是我们的强关系做不到的。在弱关系的营销中，我们最需要的就是陌生人的宣传和推广，而不是和你比较亲近的熟人。

如何用弱链接扩大营销网络

有效地利用"弱链接"，能够将我们的品牌社会化，将粉丝（弱关系群）串联起来，组成一个社群化的市场网络，这是今天及未来的品牌营销所能达到的最高境界。

在互联网营销时代，核心的工作已经不是叫卖产品，而是与粉丝们互动。互动是为了传达信息，并让粉丝帮助转发和形成讨论。在转发与讨论中，营销就结成了一张大网。在这张网格中，信息的传递是数字化的。为了实现这个目的，单纯的"强链接"策略是远远不够的。强关系的数量有限，最多不过一百多人；弱关系则无穷无尽，可以涵盖整个世界。

"强链接"的缺点

营销中人与人之间通过商品服务展示出来的"弱链接"是什么形态？举例来说，微信、Twitter上朋友的朋友，微博上的单向关注，百度知道等问答网站上的提问者和回答者之间的关系都属于"弱链接"——他们之间通过服务、问答的信息交换实现了弱链接,当与商业结合在一起时,就形成了事实上的弱关系营销网。这样的信息网有以下三个特点:

第一,信息的交换表现为间接性。

第二,关系的链接表现为单向性。

第三,信息的服务表现为暂时性。

这三个特点共同构成了弱关系营销网的核心,决定了弱关系营销低成本、高速度和范围大的优势。间接性的信息交换使人们能够从更多的人那得到专业的服务,单向性的关系则使人数没有上限,服务的暂时性使我们的信息更新有了可能。

"强链接"在这三个方面则完全不同,并具有一些不利于信息扩散的特点。强关系内部单纯的链接与信息交换容易诱发极端的群体倾向,形成统一、牢固但又封闭的认知,进而拒绝变化。如果以达成强关系的目标来进行营销,你会发现在获得极高品牌忠诚度的同时,又会侵蚀品牌对于不同层面的人群的正面影响力。

第一,链接的强度高:表现为与特定对象的长期双向互动。

第二,链接的密度大:表现为建立特定的交流渠道并与粉丝形成紧密的互动关系。

第三,鼓励了认知的偏差:选择性地引导用户表达倾向性观点,达成群体内的共识,最终产生一种封闭的小众文化。

通过上面三个特点你可以看到,以强关系为主的群体在一开始就因牢固的链接而抱成一团,产生某些"强链接"粉丝群的偏执的观念。例如，一个由熟人组成的营销网络对外在的负面评价会格外敏感并激烈地抵触——他们对于产品无比忠诚，但思想和行动都略显极端，且对自己正在做的事情深信不疑。一个粉丝群体的内部交流越频繁，关系越紧密，他们的整体表现就越激进，在旁观者眼中甚至是不可理喻的。我们在一些偶像明星的粉丝群体的身上经常能看到这一点，他们的内部互动就属于强关系。但在那些内部关系较为松散、以间接交流为主的粉丝群体中，就少见这种现象。

"强链接"的粉丝群还会因为不间断的自我洗脑、诱导性的信息分享等手段，对群体本身进行一定的自我改造，逐渐变成一个封闭和小众的群体。这时，它对于营销的帮助就已经不是正能量，而是一种负能量了。

它表现为：

第一，人们在互动中习惯了自说自话，无视环境的变化和对自己不利的信息。

第二，品牌与粉丝的互动环境是相对封闭的，品牌和社会、竞争对手之间的链接被隔开了。

第三，随着互动的增加，粉丝群体的优越感呈现上升的趋势，这使得他们拒绝一切负面评价，构成对品牌的伤害。

我们并不是说实施强关系的营销策略必然会损害品牌的增长，而是提醒每一个人注意：单纯的强链接策略可能诱发群体的极化，使成员在沟通中以团队的形式向极端的方向演化，最终形成一些较为极端的观点。这对品牌的成长绝不是有利的。

有待开发的"弱链接"

通过使用数字化的互联网服务，各国网民的线上联系人的平均数量已远远大于线下真实生活中的联系人数量。这是因为，通过数字化的社会网络服务，人们能够较为轻松地维系更多的弱链接关系。

三十年前，我们和朋友联系只能通过电话、电报和书信，弱关系的数量极为有限，且信息交换缓慢；但是今天，联系朋友的方式多种多样，除了传统形式外，还有数量众多的社交软件，能够管理的联系人数量在理论上近乎无限。

互联网对维护弱关系具有巨大的作用，网络工具让我们能够简单方便地完成大量的人际互动——在传统社会中无法完成，同时弥补了我们大脑记忆的不足。与由互联网推动的社交形态的天翻地覆的变化相比，营销的脚步似乎走得慢了一些。弱关系和弱链接已是数字化时代的社会网络的灵魂，但在营销领域，它还是一块有待开发的宝地。

"弱链接"的价值尚待开发，主要因为我们对于营销工具的开发尚不给力。营销策划机构的第一冲动仍然是采取熟人推销战略，他们本能地觉得熟人更加可信，因此制定营销战略时的计划总是基于强关系的。比如，在社区花费了大量的精力，对"强链接"粉丝群的建设投入巨额资金，然后获得心理上的安全感。对于互联网社交工具，他们总是若即若离，或者保持不冷不热的态度。多数营销人并没有真正意识到这些工具和平台所蕴藏的传播能量。

数字化的社交网络与强关系的营销推广并不匹配，至少不会发挥太大的作用，因为强链接和强关系仍然主要靠面对面的高频率互动来完成，它完全可以不依赖任何的网络工具。强关系本身就是熟人关系网的另一种符号。我们没了手机、网络和微博账号，和熟人的关系不会有丝毫改变，但却会对弱关系产生颠覆性的影响。

所以，现代社会的互联网社交平台及网络工具（微信、微博、Twitter等），实质上都是在依靠弱关系创造价值，这些平台和工具也是以弱关系为核心的新型营销的绝佳战场，它代表商业传播的未来。

如何才能将"弱链接"的传播价值充分开发出来？

第一，提升对"弱链接"资源的开发等级。不要采取"强链接"在传播方面的优先级策略，不要再对弱关系资源视而不见或重视不足。例如，大多数社交平台诸如Facebook、微博等在为用户选择性地推送信息时仍然按照关系的强度排序，联系频繁的好友的状态更新被优先筛选出来，这实际上仍是强关系的营销理念。我们要把属于"弱链接"的市场资源与用户群提高到重点开发的层级，确立它在营销战略中的核心地位，然后才能针对性地制订务实的营销计划。

第二，不是将"弱链接"导向"强链接"，而是以"弱链接"为主体。我并不推崇营销工作中将弱联系改造为强联系的努力，这不仅毫无意义，且弊大于利。这无异于将一个松散开放的无限市场缩小为紧密封闭而且有限的粉丝社群。有的营销部门主管喜欢搞一些联谊活动，他们鼓励粉丝与产品推广人员加强双向关注，形成一个事实上的"强链接群体"。这么做并不总是有利的。他会获得一些粉丝对品牌的忠诚度，但也会使自己的用户群丧失必要的开放性并形成等级之分，对尚未开发的用户未必能产生正面的影响。

第三，全面地使用各类工具。我们应该把产品推广定位于信息传播的层面，并使自己善于利用当前各种互联网社交平台，熟悉而精明地使用这些工具，制定适合不同工具和平台的弱链接推广策略。比如，微信、微博、QQ、人人网等社交工具的应用环境和用户定位都有各自的差异，用户所体现出来的行为特征也不一样，必须对此详细研究，重视并制订有效的传播计划。

第四，扩大我们的关注面。以往的广告业者视野狭窄，进行产品宣传时往往集中于某一两个点进行突破，比如针对白领或学生，针对女性用户或中老年群体等。单独定位于某一个群体，是熟人营销时代的成熟战略。但在互联网时代，品牌的推广已经不再是拿下某一个关注面的问题，我们需要有制造"全民效应"的意识，在信息传播时努力将不同年龄、职业身份、地区、价值取向的群体纳入进来，让他们全部参与到一场传播的盛宴中，这样才能最大化地释放弱关系的市场能量。

突破社交网的限制，避免社群化营销的缺点

社交网让我们成功，社交网也在让我们失败。对这个观点，股票投资领域的传奇人物巴菲特也极为认同："人们不断地退出旧社交网，又成立新社交网。人们活在社交网逻辑中，总喜欢一些人待在一起，集体行动。就像华尔街的那些人，我厌倦这种生活，痛恨这种环境，所以我不去华尔街很久了。"

一旦我们形成了一个牢不可破的社交网，就好像建立了攻守同盟。这时，信息的流通便逐渐成为一个问题。国内许多企业在奉行社群化营

销，这是新的理念，就像小米公司正在做的和已获取的成功，但社群化营销难以避免地沾染了强关系所富有的缺陷。一个社群就等于一个社交网。哪怕只是半封闭的，也影响了我们通过它来真正地扩大市场。

要打破这种局面，我们需要运用新一代的社会化和互联网式的社交理念挖掘弱链接的价值，突破社交网的限制。我认为，要解决这个问题，只要看看谷歌是怎么做的就可以了——"Google+"的出现就是对于"关系网"的突破，对用户的社会网络中的强、弱链接做了平衡处理。它既有利于建立社群，又能保持足够的开放性，吸引更多的弱关系加入进来。

Pual Adams奠定了"Google+"产品的基础设计，他在自己著名的《真实生活的社会网络》（*The real life social network*）一文中写道：

"人类的大脑在不断参与社会生活的进化过程中，早已经发展出处理强链接和弱链接的思维框架，并且对此习以为常。"

人的大脑渴望走出社交网的限制，我们的营销何尝不是如此？为何不充分利用人心的需求，迎合现代人的社交趋势，开辟营销的弱关系市场？不管你是卖产品，还是卖服务，都要跟尽可能多的人建立链接。显然，一个封闭的社交网和社群是拦路虎。实际上，Facebook、微博和微信等社交平台已经在对"社交网"的概念进行彻底的突破。以往的粉丝群不再是主流，新的社交正跳过"群"的概念，转而管理主要由弱关系构成的无限网络。

面对社交网外面的广阔世界，品牌的推广者，你们准备好了吗？

弱关系中的强市场

从五六年前开始，企业或商家就见识到了微博等社交平台在营销中的强大威力。作为弱关系的典型承载体，微博等平台对信息的传播和放大是恐怖的，我们经常难以控制，甚至预料人们自发传播的后果——你很难想象得到会有多少人参与。

强大的流量和永不停歇的链接让商家找到了一个制造轰动效应的绝佳平台。显然，企业和商家希望看到这样的场景，他们每年花费大量的资金进行营销，为的就是扩散产品和服务的知名度，在销售中获得更多的消费者的反馈，建立更广阔的消费群。当互联网平台能将人最大化地聚集起来时，一种基于流量的新营销方式就诞生了。它方便快捷、威力巨大，并且成本低廉。

流量的传播威力

流量的背后是平台的力量。作为微博模式的开山鼻祖，全球价值最高的微博网站Twitter的成立标志着流量营销模式的产生。

这一模式的过程非常简单：

关注→发表信息→转发→集体传播

因为可以安装在手机终端使用，并让定向的信息传播与获取上升到了一个新的高度，Twitter和中国的微博在一开始就成为流量的高聚集地。在这类平台上，人们能通过关注方式，可以单向地跟随目标用户，接收对方的信息，这就构成了一种弱关系。理论上，这种关系可以是无限的，一个微博用户可以有数千万人关注，每条信息在发出之时，原则上就会有数千万人看到。这只是第一次传播，当关注者将信息转发出去时，就会形成裂变式的二次传播效应。

于是，Twitter和微博具有了天然的媒体属性。企业纷纷注册了自己的官方微博来发布消息，推广产品和服务。特别在发生突发事件时，Twitter和微博的传播速度和效果都是传统媒体与平台无法相比的。由于有分布世界各地的链接随时发布消息，因此它具有传播的实时性，并且拥有强大的聚集力和无与伦比的传播速度。

·孟买事件

2008年11月份，孟买发生了袭击事件，并且首次通过Twitter得到了向世界各地的传播，早于其他主流新闻渠道。事件发生后，世界大量的新闻媒体都采用了Twitter上的消息，但它们所起到的效果远远比不上Twitter，第一次向我们证明了社交平台基于弱链接的传播效果有多么惊人。

· 哈德逊河飞机着陆事件

2009年1月15日，当纽约发生哈德逊河飞机着陆事件时，Twitter同样早于其他新闻媒体，提供了现场图片和实时的事件报道。大量Twitter用户对消息的转发和点评，引发了全美民众对事件的关注，最终演绎成了一个让人感动的迫降奇迹，鼓舞了人心。在这种由无数用户参与的传播中，营销的不是产品，不是灾难，而是正能量。

· 汶川地震

2008年的5月12日下午2点28分，中国发生了汶川地震。Twitter上的第一条关于地震的消息于2点35分35秒发出，比排在它后面的彭博新闻社快了22秒。

· 三星手机爆炸事件

2016年，三星公司的某款手机因质量问题在世界范围内被召回，原因是在使用过程中突然发生爆炸。事件经过微博、微信等社交平台的传播和发酵，演变成一场严重的企业危机。这是企业营销和公关中一个非常典型的负面案例。即：一个坏产品的消息经由无限弱关系的传播，会对企业产生致命的打击。

适应人和人对"互动交流"的需求

我们要抓住流行，就像设计一款产品一样，你必须知道人们喜欢什么——不是你认识的人如何评价，而是那些你不认识会喜欢什么样的产品。这就是对流行的关注，你必须满足大多数人的需求。

戴尔公司曾经发布过一条信息，它在Twitter上用来宣布各种销售资讯的"@DellOutlet"账号，目前已经有近150万名的追随者。这是一个庞大的数量。通过这一渠道的宣传促销而卖出的各类产品——PC、计算机配件和软件等，已经获益超过650万美元。这还是一个保守的数字，并且正在持续增加。通过互联网平台，戴尔公司的员工发送即时消息给顾客，推送产品信息，了解顾客需求，为公司的决策提供参考。

其他公司有更好的数据。这意味着Twitter、微博、微信等本来被视作社交工具或企业品牌宣传的平台，已经被有眼光的企业和商家改造成了可以盈利的渠道。在这上面，营销的对象就是人流量。人流量越大，意味着你获得的关注就越多，而你可以从容地了解人们的需求，制定政策。

弱关系营销要适应用户互动交流的需求。用户永远都想找一个可以讨论的地方，他对产品的观点、要求或者不满，需要通过一个平台表达出来。所以，这给了社交工具变身企业营销舞台的机会。人的需求本身就是最大的理由，而你要适应这种不可阻挡的大势，顺应信息传播方式的变革方向。

庞大的流量就是企业的资产，因此必须创造流量。社交平台如今已成为人手一个的"触点"，每个人都通过手机接入了互联网社交，构成了潜在的流量。围绕一个公共事件或一个产品，人们能制造强大的"客流量"，一起进行集体的狂欢。这些流量就是企业的资产。可以这么说，未来谁拥有最多的流量，谁就手握最犀利的营销工具。

思考：未来二十年的最佳商务模式

在本章中我们看到了弱链接对企业营销的巨大作用。一方面，弱链接代表了互联网时代最有效率的传播方式；另一方面，弱链接本身又是我们亟待开发的一个消费市场。如何利用无处不在的弱关系，在打响企业招牌的同时将流量转化为收益，就成了我们应该认真规划的课题。

第一，让弱关系变成强商业关系。严格意义上，弱关系不能算作人际关系。但在商业关系中，它却具有强烈的脉冲作用——可以帮助我们强有力地传播信息，带来机遇。营销中的弱关系与我们之间并不是等价的利益交换（等价通常属于强关系），而是超值的利益回报。没有商业联系时，弱链接或许什么也不是，但当商业联系发生时，我们从中收获的回报将是无比惊人的。

不过，弱关系绝对不是临时找来的，我们需要在平时就不断地积累关注——就像企业的微信公众号、官方微博等，设立一个类似的平台，尽可能多地增加关注，才能在需要时将这些弱链接转化为强大的商业效应。

第二，做好信息积累。机会永远留给有准备的人。如何才能做好信息的积累，为企业准备好足够的"弱链接"？

· 你平时是否愿意花大量的时间去了解、收集和整理企业的弱关系脉络？比如，在各个社交平台开设官方账号，增加关注度？

· 你是否定期向关注者和潜在的顾客发送企业的产品和服务信息，并征求他们的意见，获得人们的反馈？

· 你是否对自己的关注者（用户群）进行详细的分析和归类，对他们的年龄、职业和喜好等信息，是否了如指掌？

成功者对此总能做大量的工作。这些工作对我们的未来大有帮助，因为机会总是留给有准备的人。在积累的过程中，我们对于弱关系也不需要刻意地去管理，只要保持信息方面的实时更新即可，使潜在的商业链条得以维系，就等于为企业的产品发布和推广留下了一个强有力的通道。

第三，注重口碑效应。利用弱关系的力量推动产品营销。在互联网时代，当人们想购买某一类产品时，已经不再轻易地相信电视或网上的广告信息，人们甚至连明星代言也将信将疑。这是今天消费者的整体特点。这时人们最先想到的、最喜欢做的就是向亲朋好友或者同事咨询，请他们推荐相关的可信产品。这就是口碑的力量。企业应该充分地利用口碑营销，使产品的好口碑通过弱关系的力量迅速传播出去。

在口碑营销中，以广泛的弱链接为基础的社交联系人充当着产品传播的主力军。比如一个好的产品被人们接受后，它的优点就会一传十、十传百，通过口口相传、微信、微博平台等形式迅速红遍整个市场。而且，这个过程是低成本的，企业和店家完全不需要像传统的营销手段那样刻意地投入大量的人力、物力，既节省了资金，又取得了传统手段难以匹敌的效果。

　　所以，假如我们可以及时地利用这些年互联网技术对于营销形态的改变，充分借助社交平台的渠道，开拓更多的用户群，就会在商业营销中大有斩获。总的来说，互联网社交的出现，理论上可以让你在一秒钟内与地球上任意一个角落的陌生人建立联系。

附录

经营"弱关系"的三十条黄金定律

一、六度分隔理论：我们和任何一个陌生人所间隔的人都不会超过
6个

哈佛大学的心理学教授斯坦利·米尔格兰姆（1933—1984）在
1967年做了一个实验，希望为我们描绘一个链接人与社区的人际联系
网，结果发现了著名的"六度分隔现象"。在这一现象中，我们和任何
一个陌生人之间所间隔的人都不会超过6个！也就是说，你最多通过6
个人便可以链接到这个世界上的任何一个陌生人，包括美国总统、联合
国秘书长、微软公司总裁等级别的人物。

在米尔格兰姆看来，如果我们每个人平均认识的联系人是260个，
那么统合到六度分隔理论中，其六度就是 2606^6=308,915,776,000,000
（约300万亿人）。消除中间的一些节点重复，这也覆盖了整个地球人口
的若干倍。

六度分隔理论是我们经营好弱关系的核心逻辑之一，我们与世界上
的任何一个社交网建立联系同样不会超过6个人！用最简单的话描述就

是，你最多只需要六次链接，就能从某个陌生人那里获得自己需要的资源，达到目的。

二、150法则：我们维持强关系的数量上限不能超过150个人

强关系网所能够容纳的人数是有限的，有限的人数决定了无法为我们提供无限的信息，也不能及时地为我们更新信息。"赫特兄弟会"是发源于欧洲的一个自给自足的农民自发组织，这个组织的目的是维持所在地区的民风，并且发挥了重要的作用。有意思的是，他们在内部有一个不成文的严格规定：每当聚居的人数超过150人的规模，他们就会把组织变成两个，然后再各自发展。后来，这一规定就演变成了著名的150法则。

从组织管理的角度看，把成员数量控制在150人以下是最有利于管理，也是最有效率的一种组织形式。

一个群组的人数一旦超过150人，我们就面临管理上的失控和组织效率的降低。

在150法则中，"150"成为一个普遍公认的"我们可以与之保持社交关系的人数的最大值"。不管你曾经认识多少人，或者通过一种社会性网络服务与多少人建立了联系，你的强关系网仍然符合150法则。我们所有的"强链接"在效率层面只够维持150人，一旦超过这个数值，管理的效率就会大大下降。

在现实生活中的许多领域，我们都能看到150法则的应用。例如，中国移动的"动感地带"的SIM卡只能保存150个手机号，在社交工具MSN中，也是一个MSN账号对应150个联系人。这充分说明了强关系链接和管理的局限性。我们无法由自己一个人去链接超过150人还能有效

地与之互动，因此必须开拓弱链接，通过六度分隔的方式与有可能发生联系的每个人打交道，实现需求的互补和信息的互动。

三、二八法则：我们80%的社会活动被强关系占有，但20%的弱关系才是高价值的

人际关系的链接也符合二八法则，即我们80%的社会活动可能被强链接所占据，但另外20%的弱链接才是高价值的，决定了我们的生活和事业。一个人在日常生活和工作中，会把80%的精力都投入强关系中，和亲朋好友打交道，和上司、同事与客户每天一起工作，这些部分往往占据了我们一整天的时间。除此之外，我们每天或每周会有一些时间与弱关系接触，比如见见半年未曾谋面的老同学，周末参加社交聚会，等等，但投入的时间和精力很少。

可是真正地改变我们人生的是什么呢？正是这些只占20%的社会活动的部分。例如，你现在的工作并不是亲人和职场前辈介绍的，而是来源于一次商业展览上的某位陌生客户，你们只谈了一次就非常投缘；你的妻子也并不是亲朋好友介绍的，而是在一次社交聚会中偶遇，或相识于一个相亲网站，这是典型的弱关系平台。你看，仅仅这两件事，已经安全改变了你的事业和生活。

四、熟人无用：熟人网给我们足够的安全感，但也为我们设置了一个不可逾越的上限

在未来，我们面临的是一个熟人无用的时代。熟人的功用仍然存在，但将仅限于对我们的精神支持和心灵抚慰，熟人给予我们足够的安全感，能让你在必要时拥有一个精神港湾，倾诉心声，但作用也许仅此而已。熟人关系网所起到的功能是有上限的，因为熟人关系网能提供的

信息和所拥有的资源都是有限的，并且具有同质化的特点。

在未来，我们所有的社交和事业资源都将有赖于那些不怎么熟的弱关系。弱关系可能不能给予你足够的安全感，但它在信息和资源层面没有上限。因此，熟人无用的本质是，熟人可以为你提供一个基本的平台，但却无法帮助你飞得更高。认识不到这一点的人，他们就无法理解自己今天如此糟糕的命运。

五、1%法则：1%的人制造内容，10%的人传播内容，89%的人享受内容

在弱关系的世界中，一个被事实证明法则正在逐渐成形，那就是：如果在网络平台有100个人，只有一个人会创造内容，10个人会与其互动（对其评论或者提供改进意见），而其他的89个人仅仅是浏览和享受这些内容。这就是1%法则。

从这一法则来看，信息的传播已经变得极为高效，因为我们只需要1%的用户制造内容，10%的用户则用来传播内容，剩下89%的用户可以轻松地享受内容。这一法则使我们从强关系的互相义务中解脱出来，利用这个由弱关系构成的平行分布型的信息网络来快速获得信息。

就是说，在这种情况下，我们为了得到一个答案、获取一个机会，已经不再需要拿起电话打给所有的亲朋好友，而是打开窗户，让外面的信息飘进来。你只要在五花八门的信息中找到自己需要的就可以了。在开放性的世界中，总有一些人在创造和分享一些重要的信息，你要做的就是转发和享用。

同时，我们自己也成为其中的一个弱关系节点，成为1%创造内容和10%转发内容的部分。这个过程中没有强制的义务，只有主动分享的

乐趣，就像微信流行的转发行为一样。我们的举手之劳也会换来别人转发自己的信息，何乐而不为呢？运用1%法则，能够充分地帮助自己融入弱关系的价值链，成为开放性世界的一个分子。

六、邓巴数理论：你最亲密的熟人不会超过7个人

无论我们的QQ、微信有多少好友，微博上面有多少粉丝，人类智力允许我们拥有稳定社交网络的人数最多只有150人。其中，关系最亲密的仅仅7人而已。这是著名的邓巴数理论。这一理论被认为是很多人力资源管理以及SNS的基础，我们无法对一个群组进行无限的人员扩充，因为能够精确跟踪和深入交往的人数为20个左右，最亲密的则不超过7个。甚至可以毫不客气地说，不管你的强关系网有多广，你最亲密的熟人都不会超过7个人。

因此，扩大强关系的社交网并依靠强关系来打天下的计划过于天真，不是你想一想就能做到的。在过去，人们的观念是认识1000个人不如深交20个人；但在今天，我们的观念应该变成深交20个人的同时再去与1000个人建立弱链接。对未来的社交，我们的计划应该是基于一个大的开放的整体系统，突破强关系对于人数的限制，不再把主要的时间都用到亲密关系上，而是使用弱关系平台每一个链接。

要知道，当你认为自己是在对方深入交往的20个人之中时，也许对他来说你只是150个人之外的关系。这可能是盲信强关系之于我们最大的弊端——我们无法精确地彼此定位。要突破邓巴数理论的限制，就要改变自己对于社交的定位，从弱关系的视角看待和别人的每一次链接。

七、滚雪球效应：有效的弱关系链接会引发积极的"滚雪球效应"

在人们为强关系所进行的辩护中，经常存在着太多的一厢情愿和谬误。比如，有的人认为一个有本事的熟人可以为他带来很多附加的高质量人际关系，帮他办成很多高价值的事情。这个观点的基本面没有问题。问题是，如果你将他视为自己人际关系的唯一通道，那么他是不存在滚雪球效应的。的确，一个有本事的人和你建立了链接，成了你的熟人，然后为你介绍其他的人，拉入共同的人际关系，这个雪球可以变得非常大，可它是有上限的。

你认识了一个行业内的牛人，他成了你的强关系，并不意味着你就能直接通过他认识另外一个牛人；你和一个意见领袖成为密友，也并不代表你就会被别人认可。在强关系中，两者之间不存在因果逻辑。因为强关系天然具有封闭的一面，同时又有数量的上限。所以我们在现实中经常看到，一个人尽管有某位特别有本事的亲戚或熟人，可他仍然一事无成，他很难通过这位亲戚或熟人跟其他的社交网搭上关系。

但在弱关系的链接中，情况完全不同。相比强关系网的整体性，每一个弱链接都具备单独管理的一面，弱联系之间往往互不相识，这就规避了同质性。我们与弱关系的联系人之间构成了一个又一个独立的桥梁，分别通往其他的社交网；我们打通这种链接不存在任何的熟人关系网之间的障碍（每个人都能体会到这种现实的障碍）。因此，生活中我们可以发现，那些为你带来商业关系、资金渠道的总是一些熟人关系网之外的人，而不是你的熟人（虽然他们可能具有这种能力）。通过类似的弱链接，我们等于打开了另一条可以无限链接下去的通道，进入新的关系网，涉猎新的行业，并且推动自己的社交继续串联下去。

八、能力是基础：我们自身的能力是吸引别人主动链接的基本保证在这一原则中你将清醒地认识到，当你真的通过弱链接创造了滚雪球效应后——你认识了很多新的朋友，或者说积累到了足够多的人际关系，有了大量的新渠道，发现了更好的机遇，但当你要具体地执行一些计划时，就会发现自己的能力、想法、理念和经验才是最重要的东西。

无论你之前用了多长的时间、多大的努力去争取并管理自己的强关系与弱链接，从中挖掘机遇，到最后落实在具体的行动中时，最大的瓶颈和最大的成功保证都一定是你自己。比如：当有人给你介绍了一个身家百亿的朋友，他愿意给你一个一亿元的项目，热情地建议你赚点"小钱"时，你是接受还是拒绝呢？决定你能否把握机遇的，最终还是能力，否则你从弱关系中获得的只是一些让人羡慕但毫无实际价值的链接，仅此而已。

九、随机法则：每一个人都可能随时与你建立弱链接，提供强有力的帮助

弱链接的随机性意味着，以往定向、稳固的强关系社交被颠覆了。随机性代表着链接的不确定性——这个世界的每一个人都可能随时与你建立联系，产生互动，而且可能是你做梦都想不到的人。例如，远在千里之外的陌生人，网络上、生活中的泛泛之交，在宴会里偶遇而产生交流的商业客户，在博客或者微网志有过短暂互动的网友，这些链接具有极大的随机性，但可能给我们带来了意想不到的大帮助。

链接的随机性也带来了另一种趋势：费尽心机经营的人际关系或许比不过一次在手机社交平台上偶然的聊天。这体现了线下社交与线上社交的巨大差距。在线下，我们为了和某人搭上线需要投入许多时间、精力乃至金钱；但在线上，可能两分钟就解决了问题。它没有固定的目

标，不需要计划，也不用投入金钱，实质的效果却是惊人的。

十、好奇心法则：要对外面的一切都充满好奇，拓宽自己的视野

手机社交平台带来了一个前所未有的新世界，但由于互联网的存在，人们的社交活动实际上反而有所扭曲——从以前的眼神、表情和嘴巴主导，变成了今天的"拇指行为"。人们动动手指就能了解世界，于是很多人对社交的深度需求急剧退化——他们对陌生人的要求不再是"我们能互相给点什么"，而仅是"陪我一起无聊"。

现实中不少情况都是这样的：一个人尽管在用手机聊天，与很多人沟通，可他的表情木然、眼神冷漠，聊天的内容也是枯燥和机械的。在这种退化的状态中，我们对世界、对人和事均失去了最为宝贵的好奇心，这会让你丧失在弱链接中把握稀缺信息和机遇的能力。在冷淡的状态中，你根本看不到哪些人、哪些事情的出现对你是重大的利好，也很难接收新的信息。

所以，有的人在社交场合尽管一直微笑着盯着与他交流的人，时不时地点点头，其实他一个字都没有听进去。现代人在社交中的微笑是标准和程序化的，优雅得体，但互动的效果却远远不如过去。我们开始变得缺乏深度交流，朋友很多，但仅局限于点头之交，因此我们的人际关系网再广，也很难有实质的收益——你的通讯录中仅仅是记下了一个名字和电话而已，对你来说这没有其他的价值，因为你对他们根本不了解，也不清楚这些人对你意味着什么。

因此，要激活自己的探索欲，主动并积极地了解这个社会的一切。视野开阔的人这时懂得走出去，跳出眼下的状态，从外部世界寻找新的

支援。你要学会看远方，而不是盯着脚下；你要对一切都有兴趣，而不是随波逐流，用无所谓的态度面对变化；你要不断拓宽自己的视野，对传统社交网外面的人和事保持好奇心，不停地求知与探索，向遇到的每一个人谦虚求教；你也要相信，总有一些自己需要的东西就在很远的地方，在自己尚未察觉的神秘角落，在那些还没来得及打招呼的人手里。有了强烈的好奇心，我们就不会错过那些宝贵的信息和值得珍惜的朋友。

十一、分别满足法则：努力在社交中实现分别满足，而不是等价满足

未来我们应该采取的社交策略是，及时了解身边不同人的需要，对他们进行分别满足，提供令他们各自满意的方案，做到让朋友舒心，让客户对你产生依赖感，而不是跟每个人都进行等价交换。

等价满足是我们在社交中最忌讳的做法，因为"等价"的本质是功利的，完全看对方的价值决定是否跟他交往。等价满足的逻辑是这样的：我为你贡献了20元，你就不能只回报我19元；你想换取点什么，就得拿价值相等的东西来交换，然后我们才能互相满足。

假如我们始终秉持这样的社交战略，不要说建设好自己的弱关系，就连自己的强关系也难以长时间地维系下去。因此，你必须信奉和坚持分别满足的社交策略，要认识到人们的需求是多方面的，每个人对于朋友的要求都不一样的。有人需要金钱的帮助，有人需要指点迷津，有人需要市场机会，有人则需要一个薪资水平不错的工作职位……我们要深切地理解每一个人对朋友的要求，并且努力地给予相应的满足。在这个

过程中，不要强求对方给予相同的回报。

十二、信息法则：弱关系社交中最重要的是信息，而不是沟通的技巧

在高质量的社交互动中，起到关键的推动作用的总是信息而不是沟通技巧。有效的信息会产生好的人际关系，而技巧永远是为内容服务的。如果你无法提供别人感兴趣的信息，你就是再巧舌如簧，也打动不了对方。

我们发现现实中的许多人都过于注重技巧，忽视了社交联络的本质是信息。我们在生活和工作中也都有这种感觉，你做生意认识了很多陌生人，也许每个工作日就能收到十几张名片，加上几十个微信好友，但在过去半年后仍然能够让你记住的人，都不是那些口才最好的，而是在交谈时给你留下最深印象的——他们言之有物，能让你学到东西，了解到不同的观点和信息。就是说，高质量的朋友是最有"料"的。因为在一种稳固的关系中，总是需要双方进行信息的互动，彼此提供有用的资讯。

十三、定位法则：在社交价值链中，理性地找到自己的坐标

在强关系和弱关系共同构成的"复合社交链"中，每个人都有一个独特的位置，也就是坐标。坐标是由多种元素综合决定的，不完全取决于他自身的价值。有人高一点，有人低一点，就像生物世界的食物链一样正常。每个人都会有一个起点坐标，也许你在这个价值链中居于很高的位置，也许仅能屈身角落，这都没有关系。重要的是，你要从一开始便对自己有清醒的定位。因为人有了自知之明，方能发现正确的前进路线。

我们要对自己的综合能力进行一次重新的检查，包括职业、理想、背景、性格、环境等，打出一个总的分数，然后再审视自己既定的方针，看看这些不同的元素是否共融，找出阻碍自己开展计划的问题、矛盾。这时你就为自己找到了一个初始坐标——居于什么位置，有哪些可用的人际关系链接。有了坐标，你就能找到自己需要的信息，知道应该向什么人请教，如何增加朋友的数量，或者采取什么方法、去什么地方拓展弱关系。

十四、优势法则：发现自己最擅长的事情，并且强化这种优势

发现优势，强化优势，就是扩大我们对于别人"有用"的地方。"有用"既体现在解决某些单一的问题，也体现在某些长期的工作。在这些领域内，我们可以做到别人（多数人）不能做到的事，这就是你的独特优势。有了独一无二的技能，人们对你的需求就有了保证，自然纷纷聚拢过来，和你交朋友，或进行价值的交换。

什么是我们最擅长的事情呢？不要凭直觉和本能确定，要将自己具有的本领一一地对比分析：我会哪些事情，拥有哪些专业能力？分别给它们打分，从中确定一个自己最擅长的技能，或者说能力，然后持之以恒、乐此不疲地去把它做好。你也不必做得非常出色，只要在很长一段时间内，能够在这一方面保持比其他人聪明一点就够了。只要拥有了一个最擅长的技能，就能在该领域内得到人们的赞赏，赢得人们最大程度的关注。

最后，不管你擅长多少事情，都要拥有一个最重要的技能。博学的人不一定受人欢迎，这是因为他虽然懂得很多，可没有一件最擅长的事。或者说，他的拿手技能人们根本不需要。故而，热衷于追求自己最

擅长的事情并不能让你自动获得竞争优势，因为这无法保证会有人愿意帮你做成这件事，去实现结交人际关系的意图。你必须为自己培养一种最重要的受人欢迎的技能，也就是我们的"核心能力"。毕竟，当有其他人和你做同样的事情时，你要拿出更好的表现来胜过对方，而不是屈居人后。

不管是商业、工作还是生活情感中的竞争，使自己独具一项核心能力都是不可缺少的部分，它代表了我们在别人的内心中所获得的真正的评价。发现这种能力，然后还要尽最大的可能强化它，使这种优势越来越大，方能受人关注，成为社交舞台上的闪亮人物。

十五、金钱定律：不要用钱买路，要让金钱在社交中居于最不重要的地位

在任何一个社会，金钱都能买来各式各样的服务。但是，再多的钱也买不来别人对你的"尊重"与"爱"。记住这一法则：不要试图用钱去购买关系，为自己铺路，因为钱是一把双刃剑。它也许能带来一定的关系，但也会基于金钱的特殊性质，使来者的焦点都放在金钱上，而不是你的身上。所以，如果你希望仅凭自己的财力就建设好人际关系，获得高质量的关系，结果一定会让你大失所望。

当然，事事不能走极端。我们也不能完全摒弃金钱，因为金钱的确是社交的基础，没有钱可能寸步难行，很难想象一个连请人吃顿饭的钱都没有的人，会有多么出色的弱关系。但金钱并不是社交的全部，而且也不是社交的"上层建筑"。如果在社交中过于重视金钱工具，唯一确定的是你身边的人均是为利而来：他们有利则聚，无利则散。有钱时，你宾朋满座；无钱时，你孑然一身。

总体而言，钱对于生活是很重要的，包括交朋友。但赚钱和花钱都只是人生的过程而已，你是否从中得到了人们的尊重和关注，要看你如何去付出金钱，怎样去尊重别人。在社交的过程中，越是表现出蔑视金钱的态度，越容易获得人们的关注与尊重；越是看重金钱，就越容易受到人们的轻视。自古以来都是如此。

十六、分享法则：交流、分享和聆听是扩大弱链接的最有效方式

我们要多参加一些线下的聚会，邀请那些从未谋面的人当面交流，加深了解，互通有无。在社交聚会上，重要的不是酒和蛋糕，而是社交的过程——你是否与人做到深度的交流、分享和聆听？是否从平等的沟通中有所受益？

不要局限于线上的交流，为了积极地拓展实用的弱关系，我们要跟不同行业、不同经历的人分享自己的想法，从他们那里获得反馈。我们要诚恳地当面与别人交换看法，聆听他们对你的想法的具体意见——不管是正面的肯定还是反面的批评。成为一个愿意分享的人，从交流和分享中得到别人的真实看法，你会从中得到一些与在熟人关系网中看到的截然不同的教益，你会从人们那里得到一面镜子，从里面看到一些原本没有显现出来的问题，这正是社交的目的。

你要想为自己的人生寻找到与众不同的突破口，就要勇于听取他人的建议，学会和他人交流。包括陌生人、让你讨厌的人、被你轻视的人，每个人都是一个特殊的信息源，那里埋藏着我们意想不到的东西。所以不要小瞧他们，要开放性地沟通，平等地与之分享信息，从他们身上收集任何有利于我们的东西。在这种广泛的交流中，只要你的信息通道没有关闭，无穷无尽的弱关系就能帮你孵化自己的美妙想法。最关键的是，

我们要善于从别人的经验和案例中捕捉到问题的核心，去看到并抓住那些最重要的信息，在不断地求证中突破自己的瓶颈，提升自己的能力。

十七、无私法则：要努力让自己的付出多于回报，成为一个无私的人

你能为别人没有保留地提供价值，对方才会愿意联系你并建立长期的关系。因此，无私的人最受欢迎，请在互动中多多地考虑别人，而不是你自己。那些总在计算回报的人，他最终的回报一定是零；那些更多地在考虑付出而不是索取的人，他才会得到盆满钵满的收获。

第一，无私意味着情感的全身心投入——在社交中不要保留自己的好感。

人们在这个世界上最在乎的是情感，对关系影响最深远的也是情感。你不要以为和一个人的联系是有限的，也是短暂的，就可以只谈利益不谈友情。友情不仅是一种投资手段，而且是一种具备情感黏性的吸引战略，一旦有了情感的联系，它会越粘越紧，将弱关系转化为强关系。因此，不管别人如何对你，你都要把他当作我们的好朋友，而且是永远的朋友。这种情感上的无私，最终会让对方改变看法，被你吸引过来。

第二，无私意味着慷慨大方——打动一个人的关键是慷慨和大方的付出。

在社交领域通行的原则不是想尽一切办法贪图便宜，而是用慷慨大方的态度帮助别人。小气鬼永远成不了社交场上的闪光人物，只有真诚地帮助人们，坦然接受付出多于回报的结果，才能在最后真正地实现"回报多于付出"。因为人们都愿意和无私的人做朋友，而远离那些自

私自利的人。

十八、规划法则：为自己的弱关系目标设定合理的规划，制订一份长远的计划

人人都想"朋友遍天下"，但实现这样的目标是有过程的，它不可能一蹴而就。我们要理性地对待社交，在规划中应当包括以下三个部分：

第一，你最近五年内的长期目标和最近三个月的短期目标。

第二，在计划上列出可以帮你实现每一个目标的人，或者应该寻求的人际关系方向。

第三，怎样与第二点中所列出的人进行实质性的联系，对此要有明确的计划。

一旦我们设立了目标和相应的步骤，就应把它们贴在自己经常可以看到的地方，而不是锁进抽屉和抛诸脑后。这意味着，我们要行动起来，用合理的计划去培养人际关系，在需要之前就去拓展弱关系，着手建立与不同领域的人际关系链接的渠道。

规划法则的核心是，我们必须未雨绸缪，要在自己用到别人之前，就尽早地和他们建立，保持良好的沟通与联系，实现链接。在这个过程中，我们要把人们当作自己的好朋友，对他们以诚相待。最忌讳的是视弱关系视为利益至上的关系。如果你总是与别人因利而交，最后也会因利失去。

十九、勇气法则：不要害怕被拒绝，要大胆无畏地与人们进行联系

勇气是无论何时都不能丢掉的优秀品质，它具有非常神奇的魔力。没有勇气，我们可能什么都做不成。比如，才华和能力相等的两个人为

何一个成功了，另一个却失败了？因为成功者勇敢地向别人推荐自己，他建立了很好的人际关系，懂得利用弱关系；失败者却缺乏走出去的勇气，羞于向外界展示自己，所以默默无闻。

第一，用索取的方式展示勇气——你要乐于向别人求助。

在遇到问题时，我们要乐于、敢于而且及时地向朋友寻求帮助，索取一些友情范围内的东西。可能这正是他想看到的。你应当像自己乐于帮助别人一样，大胆地向他人索取。当然，你要做好别人说"不"的最坏的打算。如果你在任何事情上都不需要别人，我敢肯定，你的好朋友也是非常少的。朋友的本质是互相帮助，不存在只有一方帮助另一方的友情。如果你从不请求别人的帮助，朋友也会疏远你，因为这可能会让人们觉得你不需要他们。

第二，"厚脸皮"才会有所收获——别怕被拒绝，拒绝不会伤害人，不敢开口才是对自己的伤害。

这个世界有很多脸皮薄的人，他们自尊心强，也有能力，但生活却很平庸，总是错失良机。当他们抱怨社会时，并不明白原因就是出在他们的"薄脸皮"上。如果你害怕被拒绝，你将很难被承认。不管是和陌生人说话，或者是向朋友提出请求，向其他任何人介绍自己时，都要厚起脸皮，别怕被人们拒绝。这当然可能失败，让你陷入一种窘迫的境地，但要想有收获，就必须承受这样的风险。为了不错过可能的机会，就不要放过任何可以展示自己的机会。

二十、尊重和坦诚法则：尊重带来好感，坦诚胜过一切

我们要尊重每一个人，不分高低贵贱。要尊重对方的人格，而非身份、地位和财富。尊重应该是发自内心的、非功利的要求，并且坦诚、

透明地面对双方的交往。要向他人敞开心怀，没有保留地交流和沟通，不要隐藏关键的信息，这是一种有益并且极受欢迎的态度。

有效的关系总是来自真心的结交，而不是出于功利目的的打造。尤其对弱关系来说，由于对方和我们的生活没有多少交集，所以对方并不会过于看重利益，反而对人的品质要求很高。他们站在很远的距离上，首先审视并在意的，正是你的诚意。这时，尊重和坦诚比利益的诱惑更有作用。

要时刻记住，我们不是在打造自己的人际关系网络，而是在真心地结交朋友；我们不是要让关系为己所用，而是要使自己在世界上不再孤独。始终怀着这样的心态，你就会尊重任何一个人。能够从中得到的广泛收获，会是一个自然而然的可以使双方心灵愉悦的结果，而不是只完成了我们精心构造的功利的计划。

二十一、不求甚解法则：不要试图完全了解我们的社交对象

在传统的社交理念中，专家建议人们要深度地了解和你交往的这个人，深入对方的内心、生活和工作。但对弱关系来说，不求甚解才是一条最佳的策略。对强关系，我们当然要做到足够了解自己正在交往和开始结交的人，强关系是熟人关系网，互相知根知底是必要的。但弱关系并不存在这样的需求，我们要结合双方的需要，体贴、专业并且聪明地与之对话，而不是对对方做到全面了解。

这就要求我们在未来的社交中找到与联系人丰富而且深度的共同点，在某一特定领域知道他是一个什么样的人就可以，然后对症下药、量体裁衣。比如，为了拿下一个订单，你只需清楚地知道一个人平时的购买倾向，并无必要将他的爱好列成一个详细清单。这是弱关系的主要

特点之一，我们没有时间对一个人做详细的背景调查，只需了解他有哪些与自己相关的独特兴趣即可。

二十二、权威法则：认识你的专业领域内的权威，并想办法与他建立弱链接

为了实现我们的目标，你要知道在你所从事的领域中谁最优秀，并列出当前这个领域的权威人物，然后通过可能的方式与之建立链接，比如在社交账号（微博、微信等）中互相关注，这就成功地建成了一个交流的通道。

第一，对自己已认识的人进行分类——列出我们的关系库中已经认识的人，看看有没有权威人物。

对于我们已经认识的人进行整理分类，不管是强关系还是弱关系，是熟人还是偶尔联系一次的人，把他们清晰地罗列出来，注明他们的身份、年龄和与你的亲密度。例如：亲戚、大学同学、过去的同学、之前的老师、之前的同事等，从中发现那些某一领域的权威人物、前辈或专家。

第二，列一个你渴望结识的名单——把那些你希望认识的权威人物写下来。

要有强烈的渴望去结识更多权威人物。现在，把你最渴望认识的人单独列出来，写下他们的名字，在未来的社交中重点对待。他们应该是一些高水平的人，或在某一行业中有独特的见解、资源等，你希望在未来的某一天能够认识他们。对这些目标对象，你要确定他们不同的重要性，制定有效的计划，然后专心地投入。

二十三、陌生人定律：要把大部分的精力用于联系那些"完全陌生"的人

在工作中，要注意去联系那些"完全陌生"的人，而不是盯着熟人做文章。比如，假如你是一名销售或者公关人员，不要试图从熟人关系网中获得你的业绩，而要开拓新的关系网。不要惧怕给陌生人打电话，你只管硬着头皮开始，并投入大部分的精力。

去认识一个完全陌生的人，既是挑战，也是机遇。你要想着自己一定会成功，不会失败。你要坚定一个信念：坚持联系下去，就是胜利。有时候，我们的联系会遭到拒绝或者干脆没有回音，这时不要气馁，继续和他们联系，用诚意和耐心打动对方。你要在这个过程中占据主动，甚至表现出一种真诚的侵略性，来使所有人都感受到你的可信。

二十四、活跃法则：在社交网的内外两个世界中，都努力提高自己的可见度和活跃度

与强关系不同，我们必须在初次结识的朋友和弱关系网络中保持一种可见度与活跃度，并把与他们的接触排满你的日程和计划表。核心策略是，永远不要让自己长时间地消失在一个人的视野中。现在是快节奏的互联网社会，如果你一段时间没有曝光，别人很快就会忘掉你，甚至删掉你的账号。

即使没有什么可联系的，也不要消失。哪怕你没有什么可说、可做的，也要保持一定的活跃度，使人们看到你的存在。要知道，"消失"比"没有吸引力"还要糟糕。当有机会出现时，则果断地展示自己。在必要时，你可以主动地邀请那些你想见的人在线下见面。不过，要把弱

关系加深为强关系时，我们要有一个合适的理由，你必须做到让对方深度信任你，至少在和你的相处中，他备感愉快。

二十五、跟进法则：对已经结识的关系，如果你不跟进，则毫无意义

我们与要交往的人见面之后，想让别人记住你，并且在未来的联系中加强彼此的关系，使双方都有所收益，及时地跟进是关键。我的建议是，如果你与一个人建立了链接，或者在线下见了一面，这时你需要立刻跟进，不要试图过几天再进行重要的沟通，要马上开始！

原则是，我们在见面后的12~24小时内，就应当第二次联系，继续跟进双方涉及的话题，趁热打铁地形成实质性的合作。这时，邮件和电话问候都是一种比较有效的方式，要主动联系对方。最后，在双方有所合作后（对方帮你介绍了一份工作或某项业务），不要忘记再次跟进。在一周左右的某个时间段，你应当再次联络他，表示感谢的同时，继续和他保持密切的联系。只有这样，我们才能成功地将对方拉进自己的社交网，形成一种稳定的链接。

二十六、领域法则：要分配自己的时间，去结识不同领域的人

我们有没有认识数以千计的人并不重要，有没有认识数以千计地分布在不同领域的人，才是能否成功的关键。就是说，一定要扩大关系的覆盖面，使我们的社交关系遍布不同的行业、年龄段、地区等，充分增加信息的来源。这有助于我们从不同的角度了解世界，也增加了我们人际关系的质量。在你需要帮助时，不管遇到了什么问题，都能有人可求，有相关的信息源可以咨询。

二十七、动机法则：要在交往中迅速发现他人的动机，做到先知先觉

在初次与对方交流时，我们就要找到对方的动机，也就是需求："对方想做什么"或"希望从我这里获得什么"。人们的动机一般都基于三种：赚钱、爱情和改变世界。这三种动机都会体现在社交行为中，你会从每个人的身上看到这三种欲望，区别只是在于"他们现在想要什么"。

所以，让自己先知先觉，率先洞察对方的内心，然后投其所好，帮助人们实现他们心灵深处的渴望，主动去协助别人解决他们的关键问题。对有需求的人雪中送炭，可以让你们的关系变得更加紧密。在社交中，如果你能成为一个擅长"江湖救急"的好人，第一时间察觉对方的需要并主动给予帮助，并且有能力替朋友摆平那些棘手的麻烦，你的关系网将飞速地扩大，不论强关系和弱关系，都将为结识你而感到荣幸。

二十八、传播法则：做一个可以为他人传播知识、带去优质信息的人

人们最佩服的就是有见解的人。从现在起，你要争做一个有内涵和有见解的人，并给他人带去帮助，成为一个知识和信息的中转站。你要在某些领域内具有独特的专业性，展示自己与众不同的优秀的观点，以及卓越的解决实际问题的应用能力，这能让你具有征服他人的独特魅力。

第一，在财富和人际关系都还不多时，就去传播知识。

对没有金钱和关系的人来说，想通过社交获利也是可行的，但这就

需要你通过自己的知识去获取。没有钱不可怕，没有人际关系也不是世界末日，你至少还可以做一个在自己有限的人际网络中传播有用知识的人。在知识领域内，你必须毫无保留并不断分享自己拥有的知识，这能让你变得与众不同。和那些有强大财富及人际关系的人相比，你要坚决而持久地通过知识的传播、分享打败他们。从你这里接受知识的人越多，你相对于他们的优势也就越大。

第二，在知识不够丰富时，就去成为信息的中转站。

当自己的知识能力不足时，就学会把别人的内容分享和转发出去，成为一个高效率的信息中转站。弱关系是一张开放的大网，能成为这张网的信息枢纽也是一种非常好的选择，这能将别人的信息变为你自己的内容，然后传递给其他有需要的人。在这个过程中，通过学习提升能力，然后去应用，最后实现超越。

第三，在传播信息时，要懂得如何加入、提供我们自己的内容。

在大部分的时间内，我们得动脑筋学会提供富有自己特色的信息，让人们对自己印象深刻。你需要了解各种不同的信息，然后用一种与众不同的方法把它们串起来，变成自己的内容。你要成为一名优秀的可胜任的信息创造者，从而被更多的人需要。

第四，在链接到弱关系网络中时，要学会推广自己的品牌形象，塑造自己独特的魅力。

每个人在社交中都有他独特的形象标签，并且只有我们才能真心地推广自己，其他的人都不会。你的成功不但取决于其他人是否认可你的工作，还有赖于你对自己进行推广的效果，取决于你展示给人们的形象。

二十九、参与法则：在参加各种社交俱乐部时，要争取使自己拥有主导力

现在，除了互联网平台外，线下各种各样的协会、社交俱乐部是人际关系的聚合场，也是高质量弱关系的发生地。如果想获得同那些有影响的人物面对面的机会，我们得先成为一个相关组织的参与者，取得与他们近距离交流的资格。

在类似形式的社交俱乐部中，不要甘当那个少言寡语或默默无闻的人，要抓住一切有利时机，争取活动、聚会、交谈中的主导权，成为这些社交活动的推动者，这样，你才能吸引到最大范围的关注。拥有你自己的俱乐部是一个好的办法，假如有条件的话，为什么不自己成立一个以弱关系为目标的社交平台呢？你可以设立一个组织，邀请那些你想见的人来加入，如果顺利，就能获得更多的沟通机会。

三十、真实法则：让自己真实而踏实地对待每一天，是我们能够受人欢迎的基础

最后，请保护我们内在的真实性，这才是你唯一可以依赖的力量。不要因为虚荣、功利、诱惑等种种外在因素而使自己失去真实。要成为一个与众不同的人，就要遵守真实法则，让自己脚踏实地对待每一天，让自己无论面对何种变故、处于何种环境，都可以真实示人，对别人展示一个踏踏实实的自我。这样的你，才是最有魅力的，才能赢得人们的尊重与认可。

我们要塑造一个特别的自我——人们眼中留下的好印象都是互相给

予的。毫无疑问，我们要想被别人看作一个比较特别的人，就要让对方觉得他在你的眼里也是很特别的。为了互相留下这样的好印象，就要和虚伪、矫情、造作、势利等一切负面词语保持距离，要鼓起勇气与浮躁的环境对抗，使自己拥有强大的内心力量。